14歳から考える恒久平和のつくり方

花岡しげる
Shigeru Hanaoka

花伝社

はじめに　日本を、永久に戦争の心配のない平和な国にするために

人を殺したり、住宅や病院、学校などの建物をむやみに壊したら法律で罰せられます。しかし、戦争で兵士が機関銃で人を殺したり、戦闘機からミサイルを発射し爆撃機から爆弾を落として建物を壊しても、罪にはなりません。なぜでしょう？

いろいろと人生経験を重ねた僕たち大人でさえおかしいと思うのですから、若いみなさんなら、どう考えてもおかしいと思うはずです。

僕たち高齢者は幸いなことに、第二次世界大戦（１９４５年8月15日、日本の無条件降伏で終わる）以来80年間、一度も戦争にあわずに当たり前の日常生活を送ってこられました。戦争で殺されたり、空襲で家を焼かれたり、家族をなくすこともなく過ごしてこられたのは、軍隊を持たず、戦争する権利を放棄《ほうき》（捨てる）すると書いた日本国憲法第９条のおかげです。

日本の少子高齢化、つまり新しく生まれる子どもの数が少なくなり老人の数が若者に比べて多くなる速さは、先進国の中でもトップクラスです。２０２４年現在、日本の人口は1億２４４８万人（うち外国人３００万人）ですが、選挙で投票できる有権者に限ると1億４４００万人。その中で60歳以上が４３００万人、18歳から30歳の有権者数は約１５００万人と、老人の３分の１しかいません。つまり、若者のみなさんが全員投票しても、選挙への影響力は60歳以上の３分の１しかないのです。

それでも僕が中学・高校生、そして若者のみなさんに向けて、日本の政治を変え平和な日本の建設を呼びかける本を書くのは、20～30年後にはみなさんが国の重要な役割を担う立場になっているはずだからです。残念なことに1億人以上いる有権者の中で実際に投票する人（投票率）は、２０２４年10月の衆議院選挙ではたった53％でした。半分近く、約5千万人の有権者が投票しなかったのです。もっと残念なことは、18歳から19歳の投票率が、たった43・06％と少なかったことです。

若いみなさんにお願いがあります。戦時中の日本国民が残した多くの証言、戦争を題材にしたアニメや漫画、ドラマや映画などの作品、そして敗戦後の貧しい生活を体験してきた老人の話に、できるだけ触れるようにしてください。できればそれらを、二度と悲惨な戦争を経験しなくても済み、永久に平和が続く日本、みなさんの子どもや孫の代まで平和が続く日本にするための、「道しるべ」にしてください。

選挙権を得るまで時間のある中高生のあなたも、今から知って、学んで、将来に備えておきましょう。鉄は熱いうちに打てば、強い鋼《はがね》になると言われています。平和の尊さを学び、自分ごととして実感するのは、早ければ早いほどいいと僕は思います。

そして、戦争の陰に隠された真実の歴史や、戦争が起こる本当の原因が自分なりにわかったら、どうしたら平和な日本が実現できるかを考えてください。考えがまとまったら、自分の立場で今からできることやこれからすべきことを心にとめて、選挙権を得たら主権者として必ず投票しましょう。

いまこの地球上では、多くの命が失われる悲劇が毎日のように起こっています。日本各地で起きる大地震、豪雨《ごうう》、土砂崩れなどの自然災害。そして、ロシアとウクライナ、イスラエルとパレスチナのガザ地区やイスラエルとレバノンやヒズボラとの武力紛争では、みなさんと同年代かもっと小さな命までが日々失われています。

自然災害は天災なので防ぎようがありませんが、戦争は人間が起こす〝人災〟です。

知恵と工夫、それに大人たちが行動する前に冷静によく考えて話し合いで解決すれば無くすことができる悲劇であることを、決して忘れないでください。

この本は、まだ若いみなさんが平和を願う時、少しでも役に立てればとの思いから書かれています。

第1章と第2章では、日本の戦前・戦後の歴史、平和憲法成立のいきさつや、現在の危機的な状況などをまとめています。これらはとっくに知っていると思うみなさんは、第3章から読み始めてもかまいません。第3章の「『恒久平和日本』のつくり方」こそ一番大切な、平和な日本をつくるための具体的な方法の提案です。

本の中でたびたび登場する漫画のキャラクターは「しげる君」です。外見はいつもおしゃぶりをくわえて、大好物の、のり巻きを手放さない赤ちゃんですが、大人たちが間違っていると見通すことができる能力をもっています。しげる君の目から日本を、世界を見ることで、現在の政治のおかしさと平和の大切さを、みなさんにも実感してもらえればと思います。

2025年3月1日　花岡《はなおか》しげる

14歳から考える恒久平和のつくり方◆目次

第1章

二度と戦争をしない、巻き込まれない

1　戦争は人間が始める恐ろしい〝人災〟

２０２５年は、第二次世界大戦が終わってからちょうど80年となります。それ以来、日本は戦争をしていませんので、戦争を実際に体験した人は、今の日本人のなかでかなり少なくなっています。

日本がアメリカを敵に回して４年近くも戦争をしたことは、学校の授業で習ったはずです。しかし、１９４５（昭和20）年８月６日に広島、９日に長崎に続けて原子爆弾が落とされ、21万人もの市民が犠牲になりましたが、こんな大量殺人が日本で実際にあったことを実感をもって想像できる人は、どれくらいいるでしょうか。

国会議員の大人たちも、戦争を知らない人たちばかりになりました。ほとんどの政治家は、戦争がどれほど残酷《ざんこく》か、本当の姿を何も知らずに、やれミサイルだ、イージス艦《かん》だと威勢《いせい》のいいことばかりを言っています。戦争を知らない人ばかりの今の日本では、そのように強気な姿勢を見せるほうが、選挙で票を集められるからです。

２０２４年11月９日、「次期戦闘機開発　英、日伊と続行へ」とのニュースが新聞で報じられました。イギリス保守党が政権を握っていた時代に決めた最新型戦闘機の日本、イタリアとの共同開発計画を、英国に新たに誕生した労働党政権は見直すと言っていたのに、結局中止せずに続行することに決めました。さらにその後、新たにサウジアラビアも資金を提供して新戦闘機を手に入れることになったそうです。この共同開発計画を管理する国際機関（ＧＩＧＯ）は英国に設立され、トップに日本人の岡真臣《おかまさみ》元防衛省地方協力局長が就任することが決まっています。２０２５年から機体の本格的設計を開始し、２０３５年までに実戦配備する計画です。

こんな戦争準備計画を進めているのは、第二次世界大戦が終わって20年以上もたってから生まれた政治家や政府、防衛省で働く大人たちです。実際の戦場で戦った経験はもちろん、戦争の体験もまったくない人たちです。

あれほど多くの日本人がつらく苦しい目にあい、諸外国に多大な被害をもたらした戦争の記憶が、80年の時を経て忘れられようとしています。

些細なきっかけで戦争は始まる

みなさんは家族や友達と、戦争や平和のこと、憲法のことなどを話すことはありますか？　これらは難しいテーマではありますが、一人ひとりの生活に直結する身近なことです。日本が80年の間平和でいられたのは今の憲法のおかげですが、２０１７年に実施されたＮＨＫの世論調査では、回答した大人の76％が「憲法について話題にすることはない」と言っています。

国民が無関心でいる間に、日本は戦争をできる力を着実につけてきました。政治家たちは「戦争を起こしたくないから、相手に攻撃させないための兵器や軍隊を持つ」という理屈で軍備を拡大し、憲法を変えようとまでしています。

この、軍備を拡大することで戦争を起こさせないという考えを「抑止力」といいますが、そんなにうまく「抑止力」ははたらくのでしょうか。戦争は、軍隊と兵器がある限りいつでも起こりますし、歴史をみても、驚くほど些細なきっかけで始まっています。

しばしば戦争はウソやでっち上げで始まり、ひとたび始まったら最後、やめようとしても簡単ではありません。

第二次世界大戦は、ナチスドイツ（ヒットラーが率いるナチ党政権が支配していたドイツ）が１９３９年９月１日にポーランドに侵攻して始まりましたが、日本はすでに1937年7月から中国と戦争を始めていました。日本は中国に宣戦布告をせずに始めた戦争なので「事変」と言っていますが、実際は日中戦争です。この日中戦争は、盧溝橋《ろこうきょう》事件と呼ばれる日中両軍の小競り合いをきかっけに始まっていますが、中国侵略という野心をもった日本軍がここに至るシナリオを描いていたのです。

4年後の1941年12月8日、日曜日の早朝にハワイの真珠湾のアメリカ艦隊の基地を奇襲《きしゅう》攻撃（不意打ち）して始めた戦争を、太平洋戦争と言います。

日曜日とあって多数の戦艦が停泊中で4隻が沈没、休日朝の安息を楽しんでいた米兵と民間人2400人が犠牲になりました。〝Remember Pearl Harbor 真珠湾を忘れるな〟が合言葉となり、それまで第二次世界大戦を傍観していたアメリカが重い腰を上げて参戦しました。

真珠湾攻撃は奇襲ではなく、ワシントンの日本大使館員のミスで米政府に宣戦布告するのが遅れただけ、という人もいます。しかし同じ日に日本はマレー半島（マレーシア）のコタバルでも宣戦布告をせずに上陸してイギリス兵ほか多数の住民に犠牲者を出しているので、奇襲などしていないとは言えません。

こうして日本の不意打ちによって始まった戦争は、1945年8月15日の日本の無条件降伏（ポツダム宣言の受け入れ）により太平洋戦争が終結し、これによって第二次世界大戦も終結しました。日本と軍事同盟を結んでいたイタリアは１９４３年、ドイツは１９４５年5月、一足先に降伏しています。

なぜ日本は戦争をしたのか

戦後まもなく、太平洋戦争の開戦を決めた昭和天皇（現在の天皇陛下《へいか》のおじいさん）が独白録（天皇から直接聞き取った言葉を記録したもの）で、戦争の原因と新憲法について次のように語っています。

戦争の原因については、①軍備はいざという時の備え、と言いながら軍備が充実すると使用したがる軍人の癖《くせ》②軍部（戦前の陸軍省、海軍省、大本営）の主戦論（戦争しようと主張する）に沈黙するかまたは付和雷同《ふわらいどう》（自分で深く考えず、他人の意見にすぐに賛成すること）した日本人の国民性にあると言っています。

また、敗戦後の日本については次のように言っています。

「敗戦の結果とはいえ我が憲法の改正もできた今日においてみれば我国民にとっては、勝利の結果、極端な軍国主義になるよりも却《かえ》って幸福ではないだろうか」

昭和天皇がいくら個人的には戦争に反対していたとしても、日本国の軍隊を動かす最高責任者（統帥権者《とうすいけんしゃ》という）だったのですから、この段階で言っても遅いと思いますが、開戦当時、政治の実権を握っていたのは軍部だったので何も言えなかったのかもしれません。

このように戦争は、当時の最高権力者であった天皇であってもコントロールできない状況の中で始まり、それに対して国民も声を上げることができず、気づけば人々の平凡な暮らし、大事な家族、大切な友人の命を奪い、不幸をもたらします。

そしてそれは、地震や台風などの自然災害とは違い、人間が起こす災難、すなわち〝人災〟なのです。

2　国は戦争の被害に責任を取らず補償もしない

戦争は戦場に駆り出された兵士に一生残る後遺症《こういしょう》、トラウマ（心のキズ）を与えます。アジア・太平洋戦争で後遺症を抱えた日本の兵士の数は、数十万人ともいわれています。イラク戦争に派遣され戦場から戻ってきた米兵10万人のうち、２０１４年には1日に20名も自殺したとの報告もあります。日本でもイラク戦争中、「インド洋の給油活動やイラク復興支援活動に派遣された自衛隊員のうち56人が在職中に自殺した」と政府は正式に発表しています。

戦争被害は、軍人・民間人を問わず、本人はもとより家族にまでしわ寄せが行き、国民の生命・財産・心身に悲惨な結果をもたらします。

最近は様々な問題で苦しんでいる人たちに向かって、「自己責任だ」「自業自得《じごうじとく》だ」といって責める大人や世の中の風潮がありますが、戦争に関する限り、被害の原因を市民のせいにすることは絶対に許されません。戦争を始めるのは常に政府の権力者であり、その被害をもろに受けるのは僕たち一般市民です。

しかし国は、自らが始めた戦争の結果、国民が受けた損害・被害について、まったく責任を取りません。もしいま日本が戦争を始めたら、戦争の被害をもろに受けるのは将来の大人たち、つまりみなさんですが、受けた被害に対し国はなんらの補償もしないでしょう。

これは、過去の戦争被害に政府がどう向き合ってきたかを見るとよくわかります。

敵による空襲、爆撃で自分や親が殺されても、両手両足を失っても、目が見えなく

犯罪

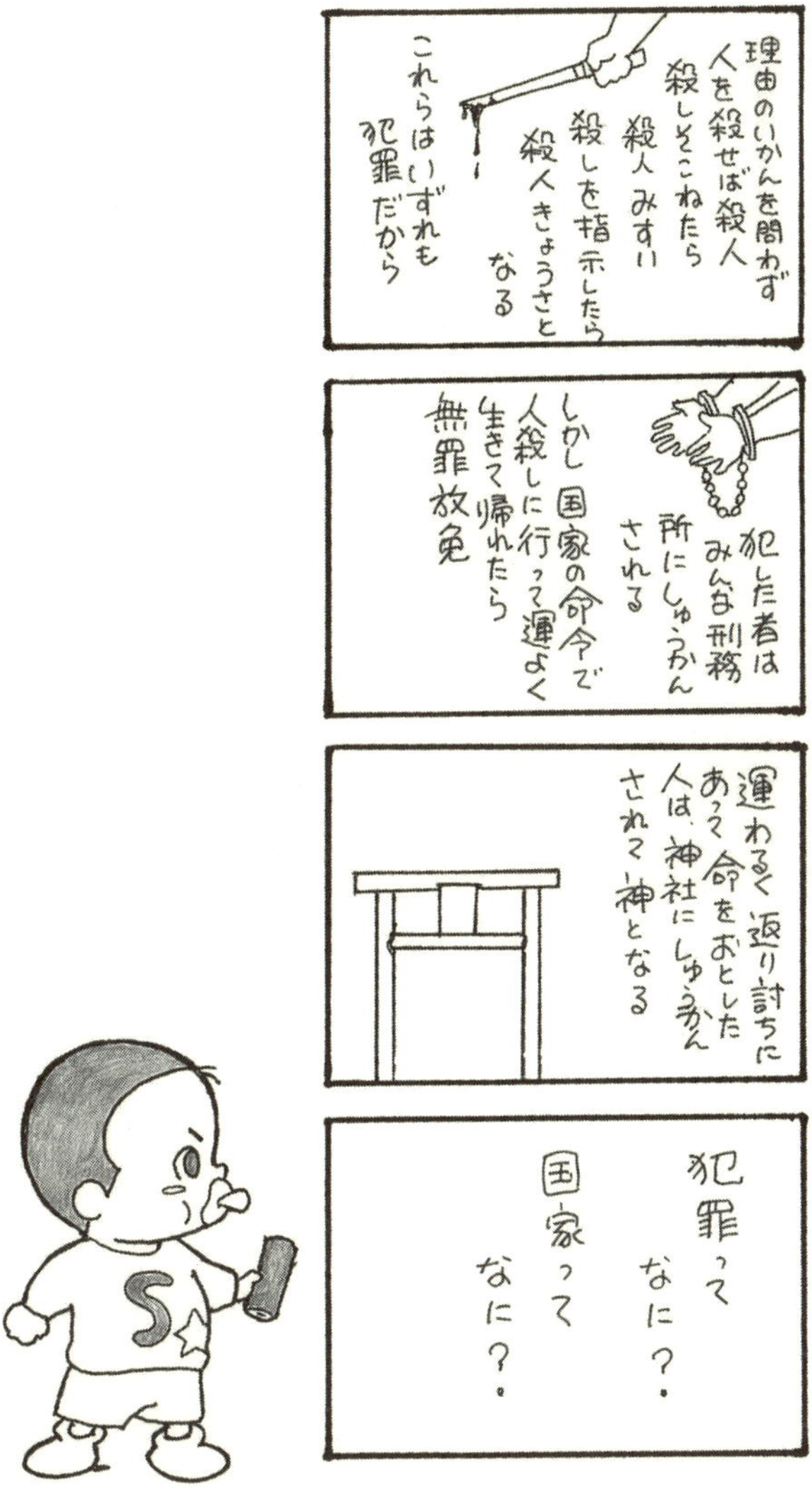
理由のいかんを問わず
人を殺せば殺人
殺しそこねたら
殺人みすい
殺しを指示したら
殺人きょうさと
なる
これらはいずれも
犯罪だから
犯した者は
みんな刑務
所にしゅうかん
される
しかし国家の命令で
人殺しに行って運よく
生きて帰れたら
無罪放免
運わるく返り討ちに
あって命をおとした
人は、神社にしゅうかん
されて神となる
犯罪って
なに？
国家って
なに？

なっても、政府は被害を受けた一般の民間人にはこれまで1円も補償金を支払いませんでした。軍人恩給（年金）として支払われているのは、元兵士と軍属（軍関係の仕事をする非軍人）と呼ばれる人たちだけです。このことを私たちは決して忘れてはなりません。

3　世界から軍隊と兵器がなくなれば戦争はなくなる

対テロ戦争

１９９１年に米ソの東西冷戦が終わり、僕はようやくこれから世界は平和に向かって一直線に進むと思いました。しかし、冷戦が終わったというのに、米国やロシアは自分たちが作り出したとも言える新たな敵、「テロの脅威《きょうい》」を持ちだし、主な先進国を巻き込んでは相変わらず軍拡競争を行っています。日本も２０１２年12月の安倍政権以降、国防予算を急激に増加させています。

冷戦終結後の世界情勢は、２００１年9月11日、突然アメリカで発生したニューヨークの貿易センタービルへの２機連続の航空機突入など同時多発テロと呼ばれる事

9.11 同時多発テロ

2001 年 9 月 11 日、
ニューヨークの
ワールドトレードセンターに
2 機の民間航空機が
つっ込むテロ事件が発生
ビルの倒壊で
多数の死傷者を出した

同日、ペンタゴン
にも同様のテロが仕掛け
られた。犯行はイスラム
過撃派組織アルカイダの
オサマビンラディンの
仕わざと報道された

時の大統領ブッシュは
イスラム組織、アルカイダへ
の報復を宣言した
その後さまざまなメディアが
これを取り上げ、世界的
な大ニュースとなった

大統領の自作自演
ではないか、
などと疑惑報道も
出てきて米国の
対中東政策が注目
されるにいたった

件をきっかけに、様相が変わりました。

アメリカのブッシュ大統領（当時）が始めた報復戦争（アフガン、イラク戦争）をきっかけに、世界はテロの危険におびえる不安定な時代に入っていきます。

もともと宗教は違ってもお互い平和に暮らしていたイラクの人々でしたが、イラク戦争によって国内における宗教対立は激化し、シリアでも内戦が始まるなど、中東諸国で紛争が多数発生しています。

相次ぐ国際紛争

東南アジアの国ミャンマーでは、国軍（政府軍）が民主的に選ばれたアウンサンスーチー政権をクーデターで倒し、民主主義を求める民衆やロヒンギャと呼ばれる少数民族などを殺しています。

また、2022年2月にはロシアが隣国ウクライナへ侵攻《しんこう》しました。これにより日本の市民の間でも、近隣のロシア、中国、北朝鮮などから攻め込まれないように防衛力を強くしないといけないと心配する人が多くなっています。「学校でいじめられるのはいつも弱い子」と子どものようなたとえ話をして、自衛隊を強化すべきだと言っ

米中対立

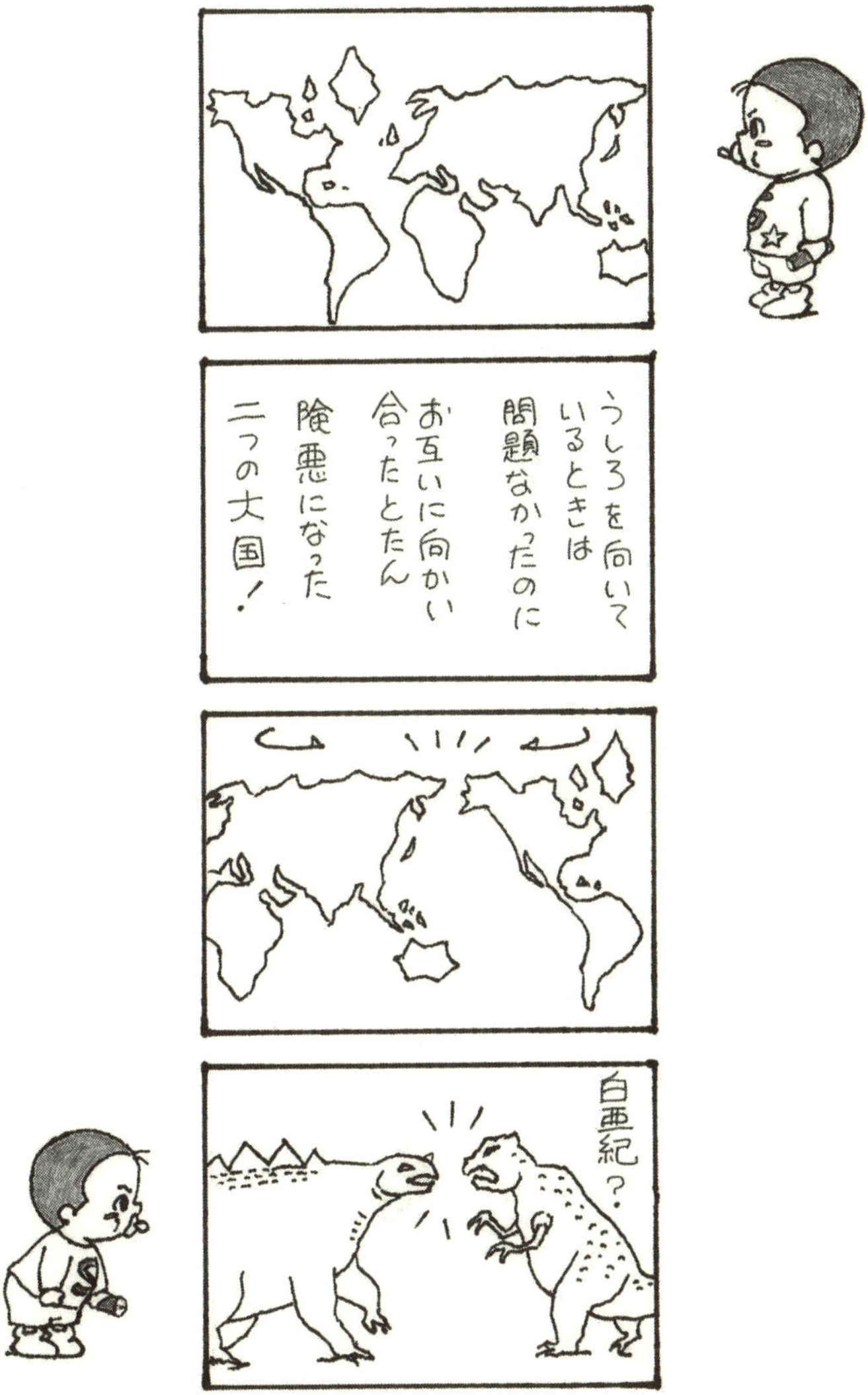

うしろを向いて
いるときは
問題なかったのに
お互いに向かい
合ったとたん
険悪になった
二つの大国！
白亜紀？

21 世紀も終わらない国際紛争

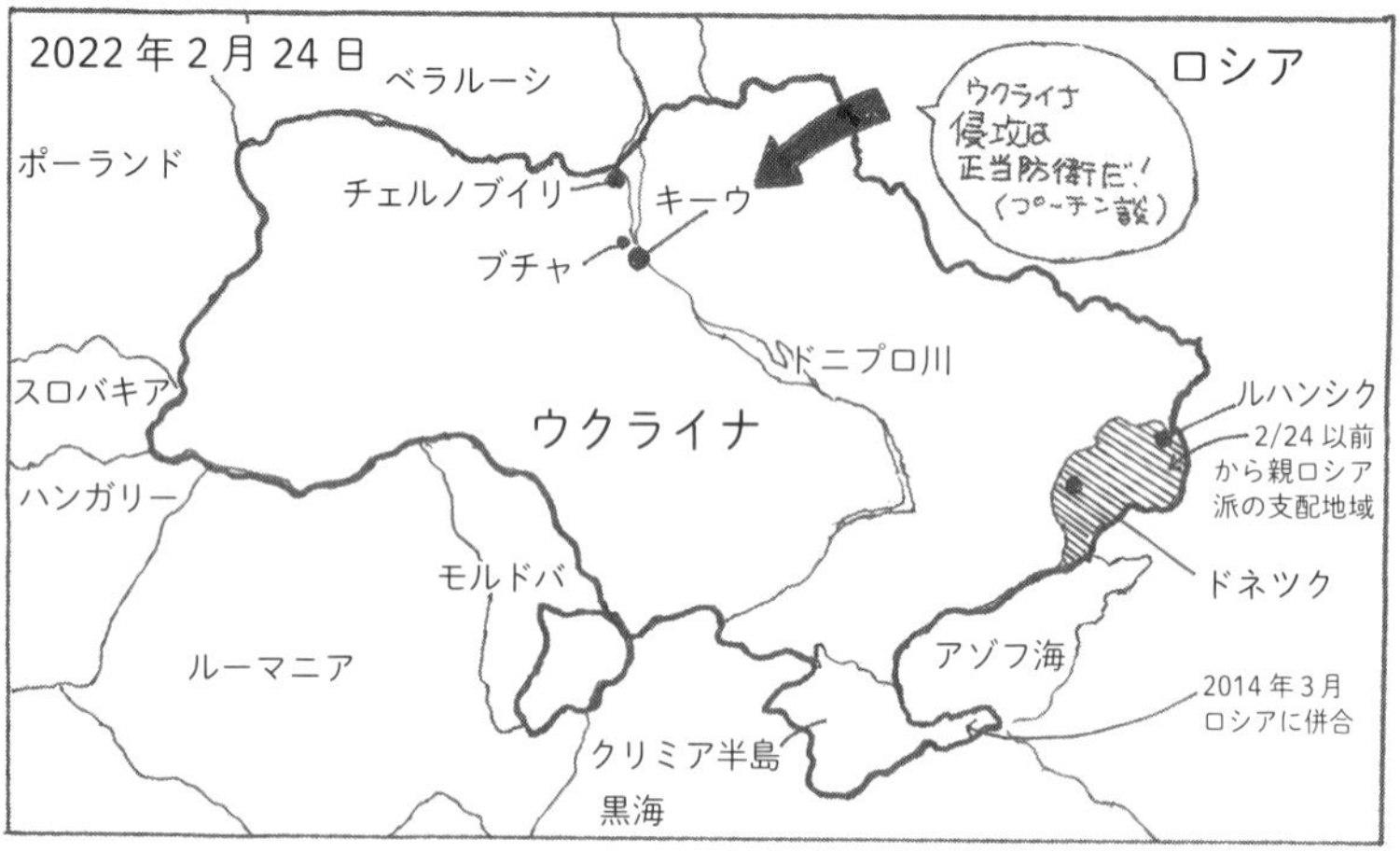

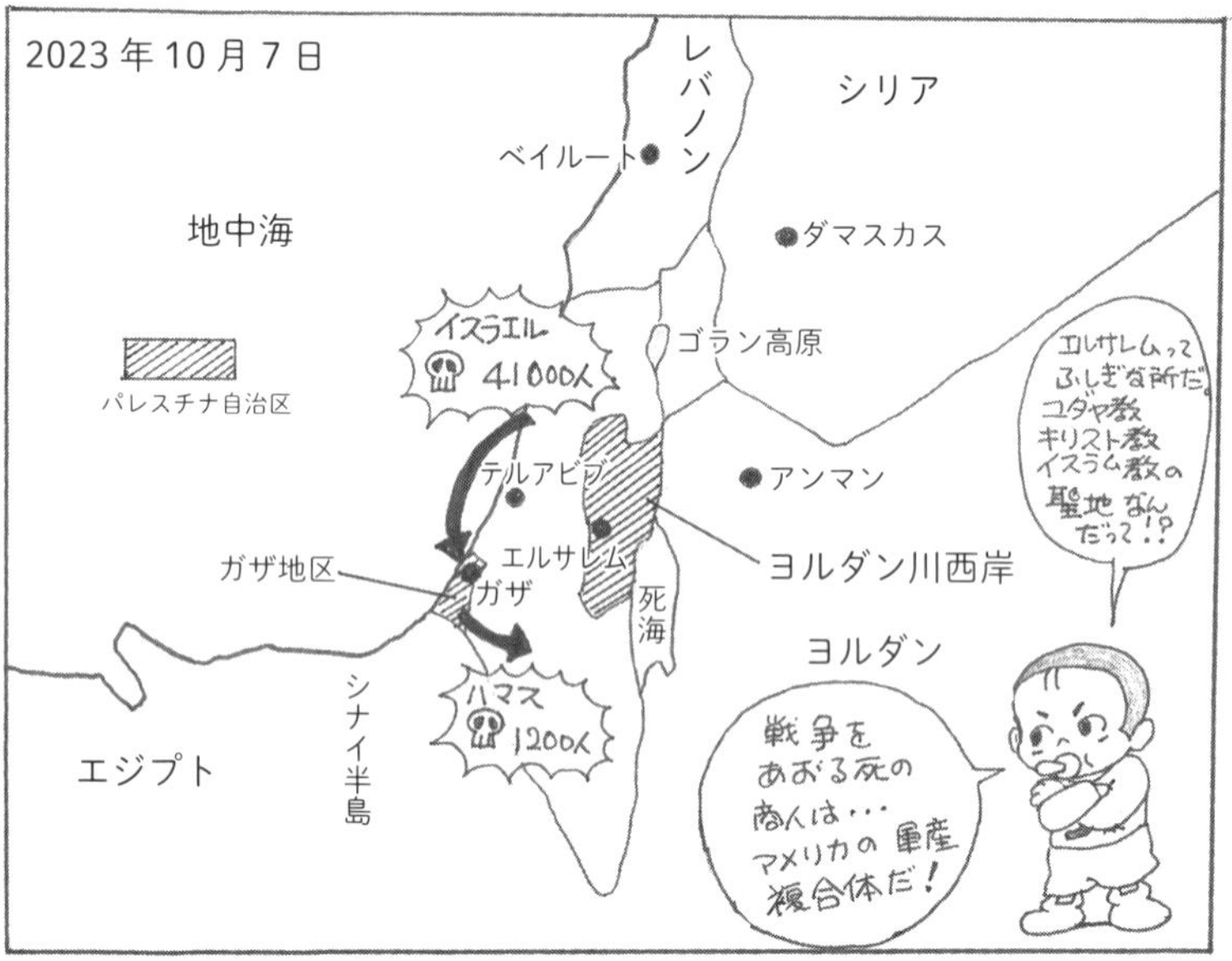

た大人（元首相）もいました。

中国の習近平首席が台湾を武力で統一するのではないか、との考えも広まっています。自民党と公明党の政府は中国の武力による台湾統一があるのではないかと考え、安倍首相（当時）は、「台湾で戦争が起きたら日本は必ず巻き込まれる」といって、自衛隊と武器、ミサイルの増強を進めました。

2023年10月7日、パレスチナのハマスという政党組織の一部がイスラエル領内に侵入して一般市民を襲い1200人を殺害し人質《ひとじち》をとる事件が起きました。イスラエルは報復としてパレスチナのガザ自治区にミサイル攻撃を仕掛け、4万6千人以上の犠牲者が出ています。その多くは子どもたちと女性です。

このように現在も世界各地で紛争が起こっていますが、これらは多くの国を巻き込んだ世界的な戦争に拡大する可能性をもっています。

戦争準備する日本

この間、日本は軍備の増強をすすめてきました。

岸田前首相は全国に大型の弾薬庫《だんやくこ》を増設し、民間の空港や港を戦争が起きたら自衛

核兵器

核でコロナから人を守れないの？・
むずかしい
どうして？・みんな持っているのに？・
核は攻撃用なのだ
誰を攻撃するの？・
人間だ！
じゃあコロナと同じじゃないか！・

核のボタン

安全保障

この黒いカバンの中には
通称フットボールと呼ばれる
核攻撃の許可を出せる装置が入っている
いつでも使用可能である

隊や米軍も自由に使えるようにしました。自衛隊や米軍基地の周りの土地の売買を制限するなど、着実に戦争の準備をしています。

日本政府は、「日本の独立を守るための軍備は必要」とか「中国、北朝鮮、ロシアなどが日本を侵略しようと考えているので、防衛力を強くして攻められないようにすべきだ」と考える人たちのことばかりを考えて、戦争の原因でしかない軍備増強に反対する国民の声を無視し、自衛隊を増強しています。中には日本もアメリカと核兵器を共同で保有するかアメリカの核兵器を日本に持ち込んで欲しいと言っている人たちもいます。

僕は、唯一の原爆被爆国の国民として、こんな大人の考えを絶対に許せません。「日本が攻められる」という心配は、政府とマスコミから植え付けられた根拠のない恐怖感だと思っています。

例えば、ロケットは北朝鮮ばかりでなく、世界中で毎日のように打ちあげられています。北朝鮮がロケットを打ち上げると、機体の一部などが日本の領海内に落ちるわけでもないのに、NHKや全民放テレビ局までが繰り返し北朝鮮の国名を連呼してミサイルロケットに注意するよう全国民向けに放送します。

敵はどこにいる

脳を発達させた人間は
自分の考える思想を相手も考えるに
ちがいないと考え、相手に
対して武器を備える
つまり自ら敵をつくり
出しているのだ
そして敵を攻撃することを
防衛といい、その能力をもつことを
安全保障といっているのである
歯には歯を！
目には目を！

いっぽう、日本のＪＡＸＡ（宇宙航空研究開発機構）も自衛隊の運用に必要とされる防衛情報衛星ロケットＨ３を打ち上げていますが、政府が近くを航行している日本の漁船に危険を知らせる全国放送をしたなど聞いたことがありません。戦争で使う攻撃ミサイルと情報通信衛星では、同じロケットでも載せるものが違うというかもしれませんが、日本政府が危険視している北朝鮮のロケットもミサイルは積んでおらず、ロケットの推進性能テストを行っているだけです。

戦争のカラクリ

当たり前のことですが、軍隊と兵器がこの世界になければ、絶対に戦争は起こりません。軍隊と兵器をほとんどの国がもっていることが、世界各地で内戦やクーデターが起こる最大の原因です。

戦争を防ぐために軍隊があるのではありません。軍隊があるから戦争が起きるのです。

アメリカをはじめ軍事大国には大勢の軍隊が存在し、兵器を生産する軍需産業が多くの人の働き口になっています。この人たちは戦争が世界からなくなったら明日から生活ができなくなるので、戦争が起きることを心の中では望んでいます。

世界中から完全に火事が無くなったら消防署はいらなくなり消防職員は失業しますが、火事は絶対に無くならないので失業の心配はありません。しかし戦争は無くそうと思えば無くせるので、自分たちの仕事が無くならないようにしている人たちがいるのです。

僕の大まかな計算では、アメリカには戦争によって生活を支えている人が2千万人近くいます。人口3億4千万人とすると約17人に1人、世帯で言えば約4軒に1軒の割合で、戦争が無くなると失業して生活できなくなります。アメリカは独立して約250年たちますが、戦争をしていない期間は20年ほどしかない「戦争中毒」の国です。

これはアメリカだけではありません。多くの国で戦争は、人々の生活を支える重要なビジネス、税金を使って行う事業（公共事業）になっているのです。

経済面だけではありません。周囲の国と緊張関係が高まれば高まるほど、政治家は自分への支持率を高めることができます。危機を演出し、それに対して威勢のいいことを言えば、多くの国民は支持します。いざ戦争となれば、時の大統領や首相は英雄扱いです。

ですから政治家にとって、自分の国に直接的被害が及ばない限り戦争の危険があることは大歓迎です。国会で日本の首相が「日本はこれまでにない安全保障の緊張関係にある」とよく言うのもそのためです。

ウソをでっち上げてまで戦争を始めることはたびたびありました。日本による鉄道爆破事件（満州事変）、アメリカによるベトナム戦争のトンキン湾事件、同じくアメリカによるイラク戦争の大量破壊兵器の存在なども、キッカケを作るためのウソだったり、自分でしておいて敵がやったことにする自作自演でした。

しかし政治家には好都合でも、権力者や支配者のために戦争に巻き込まれる一般の国民にとっては、たまったものではありません。

4　戦争体験者の証言

戦争体験のない政治家と違い、苛酷《かこく》な戦場を体験した人は、絶対に二度と戦争はすべきではないと自分のつらい体験を語り、書き残しています。

三宅元次郎さんの証言

広島県出身の元日本兵、三宅元次郎さんは、マレー半島での中国人虐殺について次のように証言しています。

……そしたら監獄の中からこの前検束した（捕まえた）中国の人々をどうして より分けたのか分からないけれども、僕の自動車へ70人、みんな立ってたな。だから一車両70人ちょっとやな。それが六車両だから４００人余りの人を、いいかね、クアラルンプールから自動車で走っておよそ10分間走ったところのゴム林の中へ連れて行った。ゴム林は風に雑草が揺れている。指揮官がおる。それが４００人ぐらいの中国の人を前にして、僕ら兵隊が60人くらい。それに言うのや「今から命令する」。その命令の第一句が何か？「今からこの中国人を殺す」と言うのや。殺す！　だが我々何も敵意がないのや。何も中国の人に悪いことされたことがないんだから、殺意、人を殺す殺意が起きない。人間だからな。

その殺意を起こすためにその将校はどう言うたか？

「ただいまより大元帥陛下《だいげんすいへいか》（天皇）の命により」

ここをよう聞いておきなさい。

「ただいまより大元帥陛下の命令によりこれを殺す」

ということやな。そして雑草が生い茂るゴム林のところで、2人ほど将校が軍刀で首を落とした。それを僕ははっきりと見た、ね。首を落としたら血柱がな、2メートル、3メートルぐらい吹き上がる。噴霧《ふんむ》状態。音を立ててな、「シュー」と。12人首を落として、あとは皆突き殺して埋めた。

そしたらそのゴム林が血なまぐさい、血なまぐさくておれない。400人ばかりの人を穴の中に埋めたけれども、おそらく半分くらいはまだ死んでいない人がいたと僕は思うね。生き埋めにされたんだろうな。

……新しい憲法が生まれたのは僕たちが、日本の兵隊が何百万行って中国大陸の土になり、太平洋の藻屑《もくず》になって初めて獲得した新しい憲法だな。それ忘れちゃいかんよ。ただそれだけではない。日本が朝鮮、中国、マレー、東南アジアへ行ってどれだけの人が、あのアジアの人が死んだか、それを含めたら数え切れない人々のおかげで今の日本の憲法が生まれたんやな。

（映画「教えられなかった戦争――侵略・マレー半島」映像文化協会製作より）

阿利莫二さんの証言

阿利莫二《ありばくじ》さんは、法政大学総長も務められた政治学者ですが、１９４３年12月、学徒出陣で学生の身分のままルソン（フィリピン）の戦場に兵として投入されました。10代から20代初めに戦場のむごさを体験し、命からがら帰国した元学徒兵の言葉を、阿利さんの著書『ルソン戦――死の谷』（岩波新書）より引用します。

毎年8月15日が近づくと神宮外苑での出陣学徒の雨の中の行進が放映されるがこの学生たちのその後の物語は少ない。出陣式に参加しなかった数多くのものもその多くが陸に海に空に散って（死んで）行った。しかしいまだにその正確な数は明らかではない。特にその中でも陸軍予備士官学校などに入った11期生の主力が卒業を待たず事実上、陸の特攻隊として南方決戦（フィリピン方面）に投入され北部ルソンで悲惨な最期《さいご》を遂げた事を知る者は稀《まれ》である。この11期生は徴兵延期が停止されたことによって１９４３年12月大学、高等専門学校在籍のまま入営した文字通りの学徒兵がほとんどである。大量の学生が学生の身分のまま出陣し、さらには予備士官学校の生徒のまま一挙に戦場に派遣された。戦局の急迫によるとはいえ、わが国学制史上、また軍制史上まれなことである。ルソン島に投入された生徒隊の正確な数は未だに不明であるが現在判明しているだけで総数約1015名、生還者は約90名に過ぎない。学生の多くは戦争は同胞（日本国民）のためならばやむを得ずとして戦場に身を投じたと思われる。仮に軍隊や戦争は厭《いや》だと思っても、その魂《たましい》を貫いたものは私も含めて圧倒的に少なかった。むしろこの事実こそが問われなければならない。

（一部補足し、読み仮名を付けました）

このように、実際に戦場に駆り出されその場で何が起こったかを見てきた人たちは、決して戦争を賛美しません。戦争の愚かさ、むごさ、つらさを伝えようとしています。そして、ひとたび戦争が始まれば、その被害は決してひとごとではなく、みなさんの身の上にも起こるのです。

第2章

世界に誇る地球の宝「平和憲法」

1　日本が外国を侵略してきた時代

第二次世界大戦終了までの歴史

江戸時代、１８５３年、そして翌年の１８５４年の二度にわたり、神奈川県浦賀にアメリカ軍人のペリー提督《ていとく》一行数百人を乗せた鉄製の軍艦（当時それを見た日本人は黒船と呼びました）が来航し、大砲をちらつかせて徳川幕府に開港と貿易をするよう迫りました。そして１８５４年３月に伊豆の下田で日米和親条約が結ばれ、それまでの鎖国政策は終わったのです。

さて明治時代以降、日本は西洋に追いつき追い越せ、とばかり憲法制定、国会開設などさまざまな近代化政策を進めました。そして軍隊を強くし経済も大きくしようと「富国強兵《ふこくきょうへい》政策」を進めました。そして軍事力を蓄えた日本は、朝鮮に出兵したり近隣アジア諸国を日本の領土にしようとチャンスをうかがいました。その後１８９４（明治27）年、中国と日清戦争を始めて勝利し台湾を日本の領土にしました。１９０４（明治37）年にはロシアと日露戦争を始め、完全な勝利ではありませんでしたがロシアから樺太の南半分を領有しました。遠い昔のことのようですが、僕が子どもの頃、近所には日露戦争を戦った親戚のおじいさんがいて、元気に僕と遊んでくれたのをよく覚えています。

そして1914（大正3）年には、遠くヨーロッパで始まった第一次世界大戦にもイギリスと日英同盟をむすんでいたためヨーロッパの同盟国側として参戦し、旧ドイツの植民地であった中国の青島（チンタオ）を占領しました。

富国強兵で世界の列強と肩を並べることになった日本は、海外に侵略を続けます。欧米諸国の後を追うようにして近隣アジア諸国を次々に植民地化する日本は、今でいう「力による現状変更」を強引に進めました。

国際機関がこれをそのまま見逃すわけもなく、国際連合の前身の国際連盟は1931年に起こった満州事変にあたって翌年調査団（リットン調査団）を送り、日本に対外侵略をやめるよう迫りました。しかし日本は反発して国際連盟を脱退します。

そして1941（昭和16）年12月8日、日本はアメリカ、イギリス、オランダを相手に太平洋戦争を始めました。1945年、アメリカ、イギリス、ソ連、中国などの連合国はドイツ・ベルリン近郊のポツダムで会談し、日本に終戦を迫るポツダム宣言を送ってきましたが、日本政府はこれを無視しました。その結果、みなさんご存知の通り広島と長崎に原子爆弾が投下され、21万人もの普通に暮らしていた市民が突然無残に大量虐殺されたのです。日本は１９４５（昭和20）年８月15日に連合国に無条件降伏をして、戦争は終わりました。

こうしてみると、19世紀から20世紀前半の日本はずっと外国に侵略戦争をしかけてきたことがわかります。１９２０年代の後半から１９４１年12月８日の太平洋戦争勃発を経て１９４５年８月15日の敗戦まで、日本は軍人が実質的に政治を動かす軍国主義国家になっていきました。みなさんは教科書で日本は侵略などしたことはない、海外に進出しただけである、と習ったかもしれませんが、真実は相手の同意などお構いなしの侵略そのものでした。

大正時代の一時期、「大正デモクラシー」と言われる民主主義が行われた時期もありましたが、昭和時代に入って武器を持たない政治家（文民）が武器を持つ軍人を支配する、いわゆる文民統制《ぶんみんとうせい》は実際には行えないことを歴史が証明しました。武器を持っている組織が、いざという時には政府を敵に回してクーデターを行う例は、最近のミャンマーでもありました。

今でも政府や憲法を変えようとする政党の政治家などが、「文民統制さえ守られたら、自衛隊がいくら大きくなっても政治家がコントロールするから戦争などおきない」という意見をよく言います。

こんな大人たち、政治家が言うことを信じてはいけません。実際に日本でも、過去に軍人が民主的に選ばれた政権を暴力的にひっくり返そうとしたクーデターがありました。歴史の授業で必ず習う、5・15事件や2・26事件がそうです。

悲惨で残酷な戦争の真実

外国への侵略において、日本の兵隊が中国や東南アジアでどれほど残虐《ざんぎゃく》なことをしたかは、いろいろな文献に書き残されています。普段はみなさんのお父さんやお兄さんのように普通の市民だった人間が、戦場では鬼となって普通の神経ではとてもできない残虐な行為をいつの間にか平気でするようになりました。普通の市民が赤紙と言われた召集令状一枚で家族と別れ戦地に送られ、短期間の訓練で、戦地では敵兵や敵国の市民を殺害したり家を焼いたりするようになったのです。

中でも「殺しつくし・焼きつくし・奪いつくす」三光作戦と中国が呼んだ、日本軍による皆殺し作戦が有名です。万里の長城の南北500キロを無人地帯にするために当時の日本軍がしたことは、まさに「力による現状変更」そのものでした。中国の歴史書には、1937年の日中戦争開始から終戦までの間に、この地域で「318万人が殺され、276万人が連れ去られ、1952万軒の家屋が焼かれ、5745万トンの食糧が奪われた」とあります。日本側にもこれを認める証言があります。

日本兵による被害を受けた国は中国に限りません。日本が侵略を図った東南アジアでも似たようなことは起こりました。

太平洋戦争中、フィリピンのルソン島では「部隊を動員して、逃げ去った住民を捜索し、捕らえた若い女性教師をすぐにスパイと決めつけて監禁《かんきん》（閉じ込め）した上、二年兵になったばかりの補充兵に命じて日本刀で首を切り落とさせた」り、「置き去りにされた1歳にも満たない幼子を、ほかの兵士に空中に放り上げさせ、落ちてくるところを銃剣を上に向けて串刺しにした」事実が、本人の体験報告として残っています（『ルソンの谷間』江崎誠致著、光人社NF文庫）。戦場とされた地域での旧日本軍の残虐行為は数えきれません。

災害救助で大活躍の自衛隊員は、そんな残虐なことはしないと思いたいでしょう。みな、普段は普通のお父さん、お兄さんですが、もともと敵を殺すことが任務の軍隊には、必ずなくてはならない残虐な一面です。自衛隊に入隊して人々のために活躍したいと考えているみなさんは、このことを心にとどめておく必要があります。

みなさんに誤解してほしくないことは、残虐な行為は戦争につきものであり、別に日本の軍隊だけが残虐だったわけではないということです。世界中の戦争を見れば、どこの国でも戦争になると普段は絶対にしない残虐な行為が堂々と行われます。いつの時代も、戦争は人間を変えてしまうのです。

軍隊にとられた普通の日本人は、加害者であり被害者でもありました。

当時日本兵の間では、「ジャワ（インドネシア）は天国、ビルマは地獄、死んでも帰れぬニューギニア」とうたわれていました。侵略者とされた日本兵も、戦場で敵の銃弾に倒れたり、熱帯病になったり餓死《がし》（食べるものがなくなって死んだ）したりして、先の世界大戦で犠牲になった230万人の日本軍人のひとりなのです。ジャワは天国と言われていましたが、その他の戦場がよほどひどかっただけのことです。

戦闘場面で強力な武器を使われる側の兵士、民間人も、尊い人権を持った地球人であり、彼ら彼女らにも愛する家族がいます。今の政治家はみな、戦争の怖さや非人道的なひどい実態を知りません。彼らはウクライナのゼレンスキー大統領やロシアのプーチン大統領同様、若者を戦場に行かせ、自分たちは安全な場所で遠くから見物するだけです。

民間人の受けた被害

1945（昭和20）年3月10日、陸軍記念日の休日で地方に避難のため疎開《そかい》していた家族などが久しぶりに集まっていたところに大量の焼夷《しょうい》爆弾が投下され、10万人の一般市民が亡くなり東京は焼け野原にされました。東京大空襲です。

東京大空襲のような、アメリカが日本の各地で行った空襲は絨毯爆撃《じゅうたんばくげき》と言われ、全体に被害が行き渡るような無差別大量殺人でした。日本の戦争を続ける意欲を失わせようと、アメリカ空軍のカーティス・ルメイ将軍が指揮し、焼夷弾という日本の木造家屋を焼き払うための爆弾を投下しました。

しかしこの住民に対する無差別爆撃については、アメリカだけを悪者にはできません。日本軍は1938年から5年にわたって、中国の首都だった四川省《しせんしょう》の重慶《じゅうけい》市の市

天災と人災

人間の生命を危険にさらす原因は
大きく２つある
１つは自然災害、いわゆる天災
である
これは人間が止めることはできない
被害を小さくする工夫をして
やりすごすしかない

世界の活火山は 800 ある
その約１割の 86 が日本にある
さらに原発は 450 基ある
世界中いつどこで災害がおきても
おかしくないのが現状だ

国連常任理事国

しかし世界のリーダーたちは
止めようとしない、それどこ
ろかみんな核兵器を保有
している

もう一つは戦争である
これは人間が始める
人災なので
人間が止めることができる

世界の脅威・国連常任理事国

核兵器で相手を威嚇する
のを自国の安全保障と言って
いるのである

ロシア　アメリカ
中国　フランス
イギリス

世界の核弾頭（2024 年 1 月現在）
1 万 2121 発

ロシア　5580	インド　172
アメリカ　5044	パキスタン　170
中国　500	イスラエル　50
フランス　290	北朝鮮　50
イギリス　225	

戦争がなぜなくならないのか
戦争がなくなると困る人たちが
いるからである
戦争をビジネスと考えている人
たちと、
仕事としてそれで食べている人が
いるからである

自らを守るためという名目で
相手を殺すことも辞さない
これが世界をリードする大国の
理屈だ

力の支配、威嚇……
彼らの考えは反社会勢力の考えと
まったく同じだ

金もうけのために人を殺すのは
なんでもないこと
自分が被害者になりさえ
しなければいいのだ
こういった強者の論理が世界の
リーダーである国連常任理事国に
核兵器を捨てさせないのだ

民を無差別空襲で大量に虐殺しています。

アメリカは太平洋戦争において、世界で初めての核兵器を日本に使用しました。原爆を投下された広島は軍隊の都、軍都でしたが、米軍は広島市内には8月6日まで全く空襲せずに市街をそのままに残しておいて、原爆を落とした後の惨状を原爆投下前と比較する実験場にしています。

長崎に投下した原爆は、軍艦を製造していた長崎三菱造船所を標的にしましたが、実は長崎はもともと原爆投下候補地ではありませんでした。

本当は、日本の基幹産業であった日本製鉄の工場があった福岡県小倉に投下する予定でしたが、工場の溶鉱炉《ようこうろ》が出す煙のために空が曇って下界の様子がよく見えなかったため、急きょ投下先を長崎に変更したのでした。

戦争においては敵の軍事基地、飛行場、軍港、軍事兵器製造の工場があるところが集中的に攻撃されますが、これは敵の反撃能力を奪えるからです。

現在政府と防衛省が進めている、沖縄南西諸島へのミサイル基地や弾薬庫の配置が続けば、そこは真っ先に狙われます。

原子力発電所、すなわち核分裂エネルギーで発電する核発電所は、戦争となれば

「敵がスイッチを持つ核兵器」ですから、とても危険な施設です。狙われて攻撃され核汚染が広がれば、日本は放射能で人間の住むことのできない国になります。

原発は自衛隊や米軍をいくら増強しても守れないことを、政府も認めています。

核発電所だらけの日本は、戦争に巻き込まれるようなキッカケを絶対に作ってはいけません。放射能の害で、日本の美しい郷土と住むことのできる領土をすべて失ってしまいます。

2　新憲法の誕生

明治時代に作られた天皇絶対主権の天皇制憲法は、1946年11月3日に新しい民主主義的憲法に変わり、1947年5月3日（現在の憲法記念日）から新憲法が施行されました。

私たちが新憲法で日本の平和のために一番大事だと考えるのは、憲法前文と憲法第9条です。前文の特に大事な部分を、わかりやすく言い換えてみました。

前文（抜粋）
日本国民は、正当に選挙された国会における代表者を通じて行動し、われらとわれらの子孫のために、諸国民との協和による成果と、わが国全土にわたって自由のもたらす恵沢を確保し、政府の行為によって再び戦争の惨禍が起ることのないようにすることを決意し、ここに主権が国民に存することを宣言し、この憲法を確定する。
↓私たち日本国民は、不正のない正しい選挙によって選ばれた国会議員に私たちに代わって行動してもらいます。私たちと私たちの子どもたちのために、諸外国の人たちと仲良くし、日本の全ての国民が自由で幸せに暮らせるようにします。政府は再び悲惨な戦争を絶対に起こしません。国家の大事な問題を決める権利は、私たち国民にあることを宣言してこの憲法を制定します。

前文（抜粋）
日本国民は、恒久の平和を念願し、人間相互の関係を支配する崇高な理想を深く自覚するのであって、平和を愛する諸国民の公正と信義に信頼して、われらの安全と生存を保持しようと決意した。われらは、平和を維持し、専制と隷従、圧迫と偏狭を地上から永遠に除去しようと努めている国際社会において、名誉ある地位を占めたいと思う。われらは、全世界の国民が、ひとしく恐怖と欠乏から免かれ、平和のうちに生存する権利を有することを確認する。

われらは、いづれの国家も、自国のことのみに専念して他国を無視してはならないのであって、政治道徳の法則は、普遍的なものであり、この法則に従うことは、自国の主権を維持し、他国と対等関係に立とうとする各国の責務であると信ずる。日本国民は、国家の名誉にかけ、全力をあげてこの崇高な理想と目的を達成することを誓う。

↓私たち日本国民は平和が永久に続くように願い、この平和を人間同士の関係における最高の理想と自覚します。そして、世界中の平和を愛する国々の人たちが、正しさとそれを守るために努力していることを信じ、その努力のおかげで私たちの安全と生存が可能になるのだ、と思い至りました。私たちは、平和を守り、国民そっちのけで勝手な政治をおこなったり、国民を奴隷のように従わせようとしたり、様々な圧力をかけたり、考えの違う人を差別して物事を決めたりすることを永久になくそうと努力している国際社会の中で、誰からも尊敬される名誉ある国になりたいと思います。私たちは世界中の人々が平和で、恐怖や貧困のない生活を送る権利があることを確認します。
どの国も自分の国のことだけ考えていてはいけません。政治において世界中に共通の道徳を守ることは、自国の主権を維持し他国と対等の関係を持ちたいと望む国の責任です。日本国民は国の名誉にかけて、全力でこの最高の理想と目的を実現することを誓います。

このように、日本は戦争の反省から平和という理念を新たに掲げ、この実現と維持のために世界をリードしていくんだという力強い決意を、世界に向けて示しています。
さて、日本国憲法には「国民主権」「基本的人権の尊重」「平和主義」という三原則が存在します。そのうち、平和主義に関するのが第9条です。

第9条（戦争の放棄・軍備および交戦権の否認）
1項　日本国民は、正義と秩序を基調とする国際平和を誠実に希求し、国権の発動たる戦争と、武力による威嚇又は武力の行使は、国際紛争を解決する手段としては、永久にこれを放棄する。

↓日本国民は、正義と正しい筋道のうえに成り立つ世界の平和を心から求め、国の行為として認められているからといって戦争をしたり、武力を相手に見せつけて脅したり、攻撃したりすることを、国と国の紛争を解決するための手段として、今も、これからも行いません。

2項　前項の目的を達するため、陸海空軍その他の戦力は、これを保持しない。国の交戦権は、これを認めない。

↓1項の約束をきちんと守るため、陸軍、海軍、空軍などの戦力は絶対に保有しません。日本が国家として戦争をするため、外国に宣戦布告する権利を認めません。

皆さんは自分たちの国の憲法を読んで、どう感じたでしょうか？

僕はこの前文と第9条を英語にしてニューヨークで市民にスライドで見せたことがありますが、アメリカ人も初めて日本の憲法を知り、びっくりして「素晴らしい、アメリカにも同様の憲法があればよいのに」とうらやましがっていました。

僕の親しいアメリカの友人で、空軍パイロットだった故チャールス・オーバビー博士（オハイオ大学名誉教授）は、日本国憲法第9条をアメリカの憲法に加える運動を、

日本国憲法は正義の暴力を否定する

憲法

前の戦争から 80 年経とうとしているが、平和憲法９条によって、戦争で命を奪われた人はただ一人もいない。戦争を放棄し「殺すな」を実践している国だからである。
しかしこの間、多くの人が災害によって命をおとした。政府がいう国民の生命と財産を守るという考えは機能していない。安全保障というと戦争を前提にしたものばかり、アメリカに基地を提供したり、武器を購入したり、多額の予算が投入され、災害への対処は後手後手である。起きてもいない戦争の準備に多額の予算をつぎ込み、災害にあった人への手当はお寒い限りである。
これでよく国民の生命と財産を守るなんて言えるものだ。

平和主義を支える 前文と９条

前文（抜粋）

日本国民は、（中略）再び戦争の惨禍が起ることのないやうにすることを決意し、ここに主権が国民に存することを宣言し、この憲法を確定する。（中略）

日本国民は、恒久の平和を念願し、人間相互の関係を支配する崇高な理想を深く自覚するのであつて、平和を愛する諸国民の公正と信義に信頼して、われらの安全と生存を保持しようと決意した。

第二章　戦争の放棄

第九条

日本国民は、正義と秩序を基調とする国際平和を誠実に希求し、国権の発動たる戦争と、武力による威嚇又は武力の行使は、国際紛争を解決する手段としては、永久にこれを放棄する。

前項の目的を達するため、陸海空軍その他の戦力は、これを保持しない。国の交戦権は、これを認めない。

お亡くなりになるまで続けられました。

あたらしい憲法のはなし

新憲法ができてすぐの1947年8月、文部省（現文部科学省）は『あたらしい憲法のはなし』と題する副読本を発行し、1951年3月まで中学1年の社会科教材として使用しました。

『あたらしい憲法のはなし』の中から、戦争放棄を宣言した第9条の解説「六　戦争の放棄」のページを引用します。

みなさんの中には、こんどの戦争に、おとうさんやにいさんを送りだされた人も多いでしょう。ごぶじにおかえりになったでしょうか。それともとうとうおかえりにならなかったでしょうか。また、くうしゅうで、家やうちの人を、なくされた人も多いでしょう。いまやっと戦争はおわりました。二度とこんなおそろしい、かなしい思いをしたくないと思いませんか。こんな戦争をして、日本の国はどんな利益があったでしょうか。何もありません。ただ、おそろしい、かなしいことが、たくさんおこっただけではありませんか。戦争は人間をほろぼすことです。世の中のよいものをこわすことです。だから、こんどの戦争をしかけた国には、大きな責任があるといわなければなりません。このまえの世界戦争のあとでも、もう戦争は二度とやるまいと、多くの国々ではいろいろ考えましたが、またこんな大戦争をおこしてしまったのは、まことに残念なことではありませんか。

そこでこんどの憲法では、日本の国が、けっして二度と戦争をしないように、二つのことをきめました。その一つは、兵隊も軍艦も飛行機も、およそ戦争をするためのものは、いっさいもたないということです。これからさき日本には、陸軍も海軍も空軍もないのです。これを戦力の放棄といいます。「放棄」とは「すててしまう」ということです。しかしみなさんは、けっして心ぼそく思うことはありません。日本は正しいことを、ほかの国よりさきに行ったのです。世の中に、正しいことぐらい強いものはありません。

もう一つは、よその国と争いごとがおこったとき、けっして戦争によって、相手をまかして、じぶんのいいぶんをとおそうとしないということをきめたのです。おだやかにそうだんをして、きまりをつけようというのです。なぜならば、いくさをしかけることは、けっきょく、じぶんの国をほろぼすようなはめになるからです。

また、戦争とまでゆかずとも、国の力で、相手をおどすようなことは、いっさいしないことにきめたのです。これを戦争の放棄というのです。そうしてよその国となかよくして、世界中の国が、よい友だちになってくれるようにすれば、日本の国は、さかえてゆけるのです。

みなさん、あのおそろしい戦争が、二度とおこらないように、また戦争を二度とおこさないようにいたしましょう。（一部旧漢字や仮名遣いを改めました）

ここには、自衛戦争も含む一切の戦争をしてはいけないと決意した憲法制定当時の精神が、そのまま息づいているように思います。

3　憲法第9条と自衛隊の矛盾《むじゅん》

占領時代

日本の無条件降伏で第二次世界大戦が終わってから2週間後、アメリカ、イギリス、オーストラリアなど連合国の司令長官であるダグラス・マッカーサー元帥が、フィリピンから神奈川県の厚木飛行場に降り立ちました。そして9月2日、東京湾に浮かぶアメリカの戦艦《せんかん》ミズーリ号の船上で降伏文書の調印が行われました。僕たちは子どもの頃、何もわからず「サルのお尻は真っ赤ぁさー」などと面白半分に歌っていたものです。

大人たちは、つい少し前まで「鬼畜米英《きちくべいえい》、アメリカ人もイギリス人も人間ではない鬼か畜生《ちくしょう》（動物）だ」と言っていたのに、急にアメリカ人のことをアメリカさん、などと敬語を使っているのが不思議でした。

連合軍は日本にあった戦艦、戦闘機、武器や弾薬などをすべて廃棄させました。残された一部の戦艦（軍艦）は、当時海外に残っていた300万人ほどの日本への帰国を待ちわびる日本兵を乗せる引揚船《ひきあげ》として使われましたが、大半は海上で爆破撃沈され、ゼロ戦など戦闘機は爆破されました。巨大戦艦長門《ながと》は米軍に接収された後、アメリカが行ったビキニ環礁《かんしょう》での原爆実験の実験台となって沈められました。連合軍（主にアメリカ軍）は当時日本国内に残っていた300万人の日本軍の武装を解除し、この時日本は軍隊も兵器もない完全な非武装国家になったのでした。それから1950（昭和25）年までの5年間、日本に自前の軍隊は全くありませんでした。

こうした動きの陰で、共産主義国ソ連と資本主義国アメリカの米ソ対立は激化していきました。東西冷戦の始まりです。これにともない、A級戦犯（一番罪の重い戦争犯罪人）で巣鴨プリズンに収監《しゅうかん》されていた岸信介《きしのぶすけ》元首相のような反共主義者（共産主義に絶対反対の人たち）を釈放したり、旧軍人の中で日本軍の復活を夢見る服部卓四郎《はっとりたくしろう》元陸軍大佐など一部の旧軍将校を戦犯とせずに利用する動きが出てきます。日本を再軍備させ、ソ連に対抗する反共の砦《とりで》、つまり日本などが共産主義の国にならないようにしようとするアメリカ政府の思惑があったのです。

朝鮮戦争と警察予備隊の誕生

1950（昭和25）年6月25日、北朝鮮が突如、韓国との国境（北緯38度線）を越えて韓国に侵入し、いわゆる朝鮮戦争が勃発《ぼっぱつ》しました。戦争は38度線の国境を挟んで一進一退の攻防が続いて長引き、その後北朝鮮には中国人民軍が応援に入り、韓国軍にはアメリカ軍が応援に入りました。ちなみに共産主義の国であった当時のソ連は、ほとんどこの戦争に参戦していません。

日本にはこの時軍隊がなかったので参戦はしていませんが、掃海艇《そうかいてい》という海の魚雷《ぎょらい》などを除去する目的の船に乗って魚雷除去を命ぜられました。その作業中、派遣された民間人の何人かが爆弾にあたって死亡しています。

朝鮮戦争は1953年7月27日の休戦協定締結まで3年近く続きました。実は休戦しているだけで、現在も未だ朝鮮戦争は終わっていません。北朝鮮と韓国は戦争を一時休んでいるだけの状態にあるのです。

この戦争がはじまるとすぐ、日本を占領していたGHQ（連合国軍総司令部）は吉田茂首相に対し、警察予備隊を結成するよう命令しました。行政命令というもので法律ではなく連合国軍総司令官による一方的な命令なので、国会での審議も承認決議も何もありませんでした。

そして1950（昭和25）年7月1日、警察予備隊が7万人で発足し、武器はアメリカ軍の中古おさがりをもらいました。

警察予備隊に応募したのは、元軍人が多かったのですが、将校など兵隊の中で位の高い人は入隊できませんでしたので最下級の二等兵だったり、仕事が無くて生活のために就職した人が中心でした。

GHQが警察予備隊を作らせた理由は、当時日本に駐留していたアメリカ兵を中心とする連合軍の兵隊がすべて朝鮮に派遣され日本が空っぽ状態になったため、日本にいるアメリカ兵の家族が日本人に襲われるのではないか、共産主義者が暴動を起こすのではないか、天皇の命が狙われるのではないか、など日本国内の治安に対する不安を無くすためでした。

自衛隊の誕生

その後、警察予備隊は保安隊と名前を変えて、日本が独立を果たした後の1954（昭和29）年7月1日に自衛隊になりました。

朝鮮戦争と警察予備隊の誕生

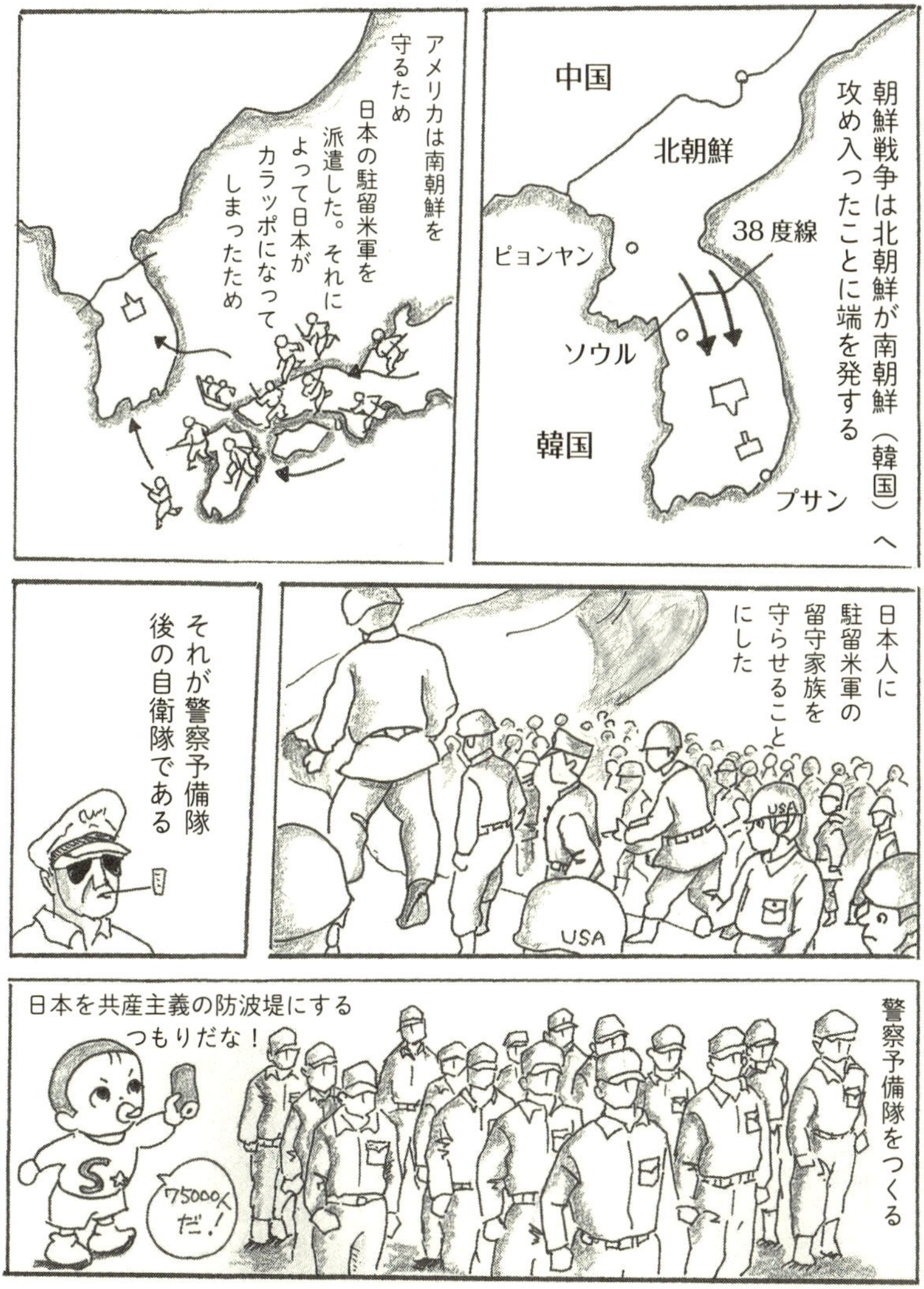
朝鮮戦争は北朝鮮が南朝鮮（韓国）へ攻め入ったことに端を発する
中国
北朝鮮
38度線
ピョンヤン
ソウル
韓国
プサン
アメリカは南朝鮮を守るため日本の駐留米軍を派遣した。それによって日本がカラッポになってしまったため
日本人に駐留米軍の留守家族を守らせることにした
USA
USA
それが警察予備隊後の自衛隊である
警察予備隊をつくる
日本を共産主義の防波堤にするつもりだな！
75000人だ！

自衛隊をつくる時の国会では、自民党の前身の政党が野党の反対を暴力的に抑え込んで、無理やり防衛庁と自衛隊をつくる法律を承認しました。数の力で、国民の多くが憲法違反だと反対している法律を無理やり通過させるやり方は、ずっと前から今の自民党につながる保守政党政府のやり方だったのです。

自衛隊ができたばかりの頃の国会で、野党の社会党（現社民党）は「自衛隊は第9条の戦力に当たる憲法違反の組織ではないか」と質問しましたが、当時の内閣は「自衛隊は戦力のない軍隊」などと意味のよくわからない言い訳をしました。戦車のことを特車といい、駆逐艦《くちくかん》（敵をやっつけて沈没させる軍艦）を護衛艦《ごえいかん》（自衛隊を守る船）など、今でも呼び方でごまかしています。

1955（昭和30）年に、二つの保守政党、日本民主党と自由党が合併して今の自由民主党（自民党）が誕生しました（保守合同）。その自民党結党の際の最大の目標は、独立を果たした日本が再び軍隊を持てる憲法に変えることでした。

その後も自衛隊および駐留米軍が日本の憲法第9条に違反しているのではないかという裁判は何度かありました。有名な判決は二つあって、札幌地方裁判所と名古屋地方裁判所の判決では、自衛隊も米軍の駐留も憲法違反であるとの判決がだされています。しかし高等裁判所、最高裁判所など上級裁判所では、これらの訴訟は裁判所の判断する問題ではなく政治家が国会で判断すべき問題であるとして、憲法に合っているか合っていないかを判断しませんでした。これは、三権分立の中でとても大事な、司法の独立を放棄しているといえる判決です。しかし、自衛隊や米軍の日本駐留が憲法に合っているという判決はこれまでに一つもないことを、みなさんは覚えておいてください。

4　憲法の解釈変更

自民・公明党政府の動き

1945年に第二次世界大戦が終わってから今日までほとんどの間、日本の政治はずっと保守政治家によって行われてきました。

自民党は党を作った時からずっと、日本の平和憲法を変えて軍隊を持つ「普通の国」にしたいと言い続けてきました。しかし、悲惨な戦争を体験した議員たちがたくさん残っていたので、自民党の中にも憲法第9条を変えてはいけないとするグループもありました。戦争は二度とイヤだ、と憲法をまもろうとしている市民グループの力も大きかったため、平和憲法そのものは今日まで、一字も条文は変えられてはいません。

しかし最近の政府の動きは、まるで昔日本が戦争に向かってどんどん進んでいったころの動きにそっくりになってきました。

２００1年に就任した小泉純一郎首相、２００6年9月から約1年間続いた安倍晋三首相（第一次）以降は、憲法の条文は変えないまま、憲法の定めている理想的な内容（憲法の理念といいます）を無視する動きが次第にひどくなってきました。ほんの一時期、憲法を守ろうとする民主党が3年余り政権を担った時期もありましたが、２０１2年に二度目の総理大臣に就任した安倍首相は、戦前の軍国主義を反省して再出発した戦後の平和路線を、大きく戦前に逆戻りさせました。その後を継いだ岸田首相は、安倍政権時代の戦争準備体制づくりをさらに急いで進めました。

２０２０年1月から新型コロナ感染症が大流行し、9月には8年近く続いた安倍晋三内閣が政権からしりぞいて、その後1年続いた菅義偉内閣、そして２０２1年10月には岸田文雄内閣の誕生と、自民党の首相も3人交代しました。

そして2024年9月には自民党の新しい総裁が石破茂さんに決まりました。次々に首相は変わりましたが、政治の動きは平和な日本をますます危険な方向に向かわせている気がしてなりません。

自民党・公明党政府の政治家やその他改憲派とよばれる日本維新の会、国民民主党などの政治家は、憲法、特に第9条を変えて、日本をいつでも戦争ができる普通の国にしたいと考えています。自公政府は二言めには「憲法を守ろうとする野党は改憲反対と言うばかりだ」と言います。僕たちは、「今の憲法をもっと生活する上で活かすことが、憲法の理念（平和、基本的人権擁護、国民主権）を実現することである」と考え提言しています。

しかし、憲法をどうしても変えたい人たちは、憲法と矛盾している自衛隊を、憲法を変えて国防軍として、憲法も認める軍隊にしたい一心です。

集団的自衛権の行使を政府が初めて認める

集団的自衛権の行使とは、軍事同盟を結んでいる国同士の中でどこか1国が攻められたら、自分の国は攻められていなくても仲間同士の国として戦争に参加することで

学術会議メンバー任命拒否

科学の向上
科学の反映
日本学術会議

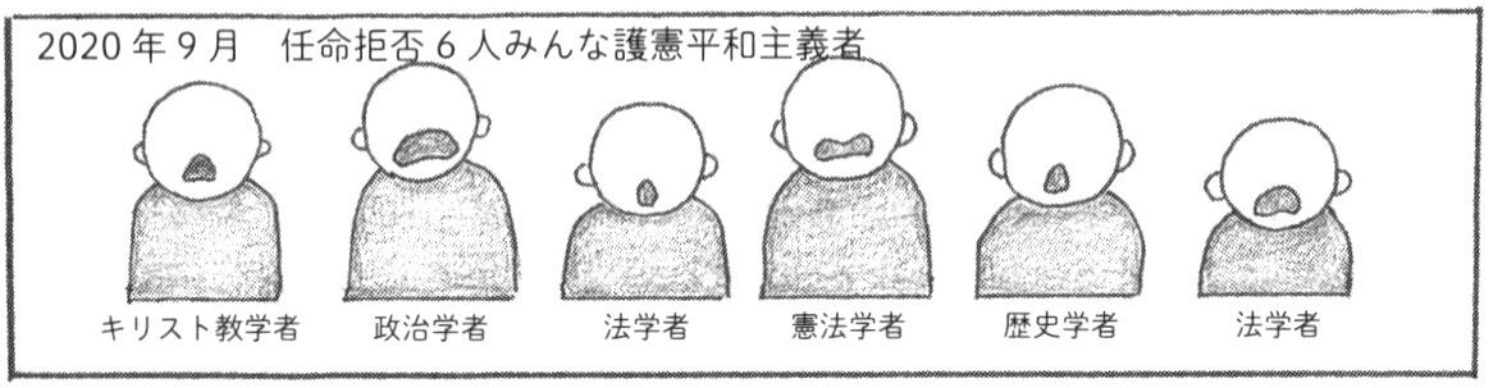

2020年9月　任命拒否6人みんな護憲平和主義者
キリスト教学者
政治学者
法学者
憲法学者
歴史学者
法学者

なんだ そんなことか がっかりだ！
嫌いな人を はずしました。
No!

集団的自衛権

戦争の始め方は まず わざと事件を でっちあげる
わっ!
ドン
あっ! アニキ!
イテテ…!
だいじょうぶですか?
このやろう オレの友達に 何しやがるんだ!
ゆるして!
お金やるから
これが 集団的自衛権って やつだよ
ハハハハ
うまくいったな ハハハハ

台湾有事と集団的自衛権

す。現在日本はアメリカと、日米安全保障条約という軍事同盟を結んでいます。そして日本には、沖縄をはじめ米軍基地がたくさんあり、世界の米軍基地のほとんどが日本にあるような状態になっています。アメリカがどこかの国と戦争を始めれば、日本の米軍基地が攻撃される可能性がありますが、そうなると日本は、アメリカの敵と戦争をしなければならなくなる可能性があります。

日本政府はこれまで、集団的自衛権を使って戦争を始めることは憲法に違反するといって、これを否定してきました。しかし2014年7月1日、安倍晋三政権は日本も集団的自衛権を行使できると、自民党と公明党の大臣仲間だけで政府の考えを変えてしまいました。

翌2015年9月19日、戦争反対の人たちが「戦争法案」と呼んでいる集団的自衛権の行使を認める安全保障関連法が、大混乱の末、自民党・公明党政府により国会で強引に決められてしまいました。

これは、日本の利益に重大な危険が及ぶと政府が判断すれば、という条件はあるものの、早い話が、アメリカが攻撃されたら日本は攻撃されてもいないのにアメリカを攻撃している国に日本の自衛隊が攻撃するという、トンデモない法律です。

その後2022年12月16日、岸田首相は、日本の安全にとって一番大事な安全保障関連3文書（国家安全保障戦略：外交・安全保障の最も重要な国家の方針を書いたもの。国家防衛戦略：具体的にどうやって防衛するかを示すもの。防衛力整備計画：防衛費の総額や装備品の規模を定めた「中期防衛力整備計画」）を、国会で話し合わずに内閣の仲間うちだけで決めてしまいました。

日本は敵の基地を攻撃する能力（最初は「反撃する能力」と書いてあった）を持つべきであると書き、敵に攻撃される前に敵の基地を攻撃することを可能にして、日本の安全保障政策を大きく変えてしまいました。

防衛費の増額

「攻撃能力」を持つためには当然のことですが、お金が必要となるので防衛費の増額が必要です。先の3つの文書の中には、今後の防衛費増額の目安として、2つの数字が明記されています。

1つは、2027年度に防衛費と関連経費の合計を、日本の経済力を示す国内総生産（GDPという数字で表される）の2％にするというものです。日本のGDPは2

岸田政権、安保関連3文書の改定

敵基地攻撃

024年に609兆円を記録したので、年間防衛費予算は年12兆円超になります。この水準だと、日本は防衛費でアメリカ、中国に次ぐ世界第3位の軍事大国になってしまいます。軍隊を持ってはならないと憲法に書いてある国が、実はアメリカ、中国に次いで一挙に世界第3位の軍事大国になるとは、開いた口がふさがりません。そして岸田首相は、日本が敵基地を攻撃する能力を持つことと防衛予算を大幅に増やすことを国会で発表する前に、自分の手柄としてアメリカ政府に約束してしまったのでした。日本政府はアメリカ政府の要求通りに高額の武器や戦闘機を〝爆買《ばくが》い〟していますが、命の危険が増えている自衛隊に入りたい人はどんどん減っています。このままでは高い最新兵器を扱う自衛隊員が足りなくなり、いずれは若いみなさんを自衛隊に入隊させようとするでしょう。その時政府は、「自衛隊は平和を創《つく》るための組織だ」と言って、あの手この手を使って勧誘すると思います。

このように政府は、本当は憲法を変えたいのですが、それはとても難しいので、憲法が求めている平和の理想から外れることまで憲法が認めている範囲のことと強引に解釈して、自衛隊の大幅な強化や米軍との実戦訓練を行うことまで認めています。私

世襲政治家が牛耳《ぎゅうじ》る日本政治

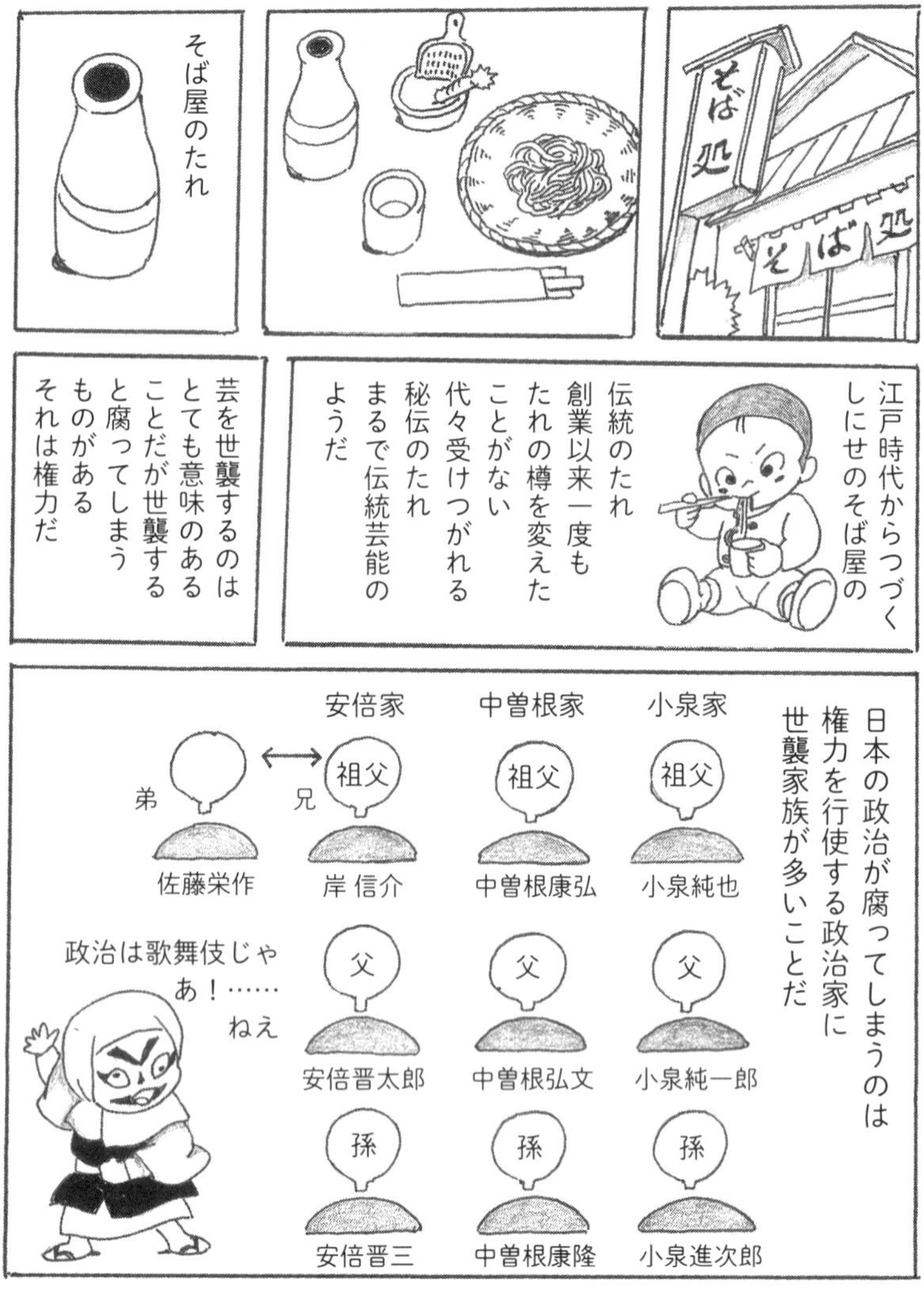

そば屋のたれ
そば処
江戸時代からつづくしにせのそば屋の
伝統のたれ
創業以来一度もたれの樽を変えたことがない
代々受けつがれる秘伝のたれ
まるで伝統芸能のようだ
芸を世襲するのはとても意味のあることだが世襲すると腐ってしまうものがある
それは権力だ
日本の政治が腐ってしまうのは権力を行使する政治家に世襲家族が多いことだ
安倍家
中曽根家
小泉家
弟
兄
祖父
佐藤栄作
岸 信介
中曽根康弘
小泉純也
父
安倍晋太郎
中曽根弘文
小泉純一郎
孫
安倍晋三
中曽根康隆
小泉進次郎
政治は歌舞伎じゃあ！……
ねえ

たち日本国民の命と安全な暮らしより、アメリカのご機嫌を取ることの方が大事と考えているのです。

こんな政治家を選んでいるのは、選挙権をもつ国民自身です。

5　憲法を変えるべきという人たちの言い分

「憲法はアメリカが日本に押しつけた」はホント？

改憲派の人たちはよく、今の憲法を「ＧＨＱ（連合国軍総司令部）に押し付けられた憲法」と言います。これについては誤解や誇張があるように思います。

敗戦から2か月後の１９４５年10月、幣原喜重郎《しではらきじゅうろう》内閣が誕生し、松本烝治《じょうじ》国務大臣が新憲法の草案準備を任されました。12月に発表された松本案は、天皇が統治権を持つ明治憲法と大差のない内容でしたので、ＧＨＱはこれに不満で、みずからアメリカ人若手法律家などに急いで憲法改正草案を作らせました。

しかし実際には、終戦直後の１９４５年12月に高野岩三郎（戦後すぐのＮＨＫ会長）の提案で結成された憲法研究会によって、憲法史研究者の鈴木安蔵などが策定し

日本国憲法の成り立ち

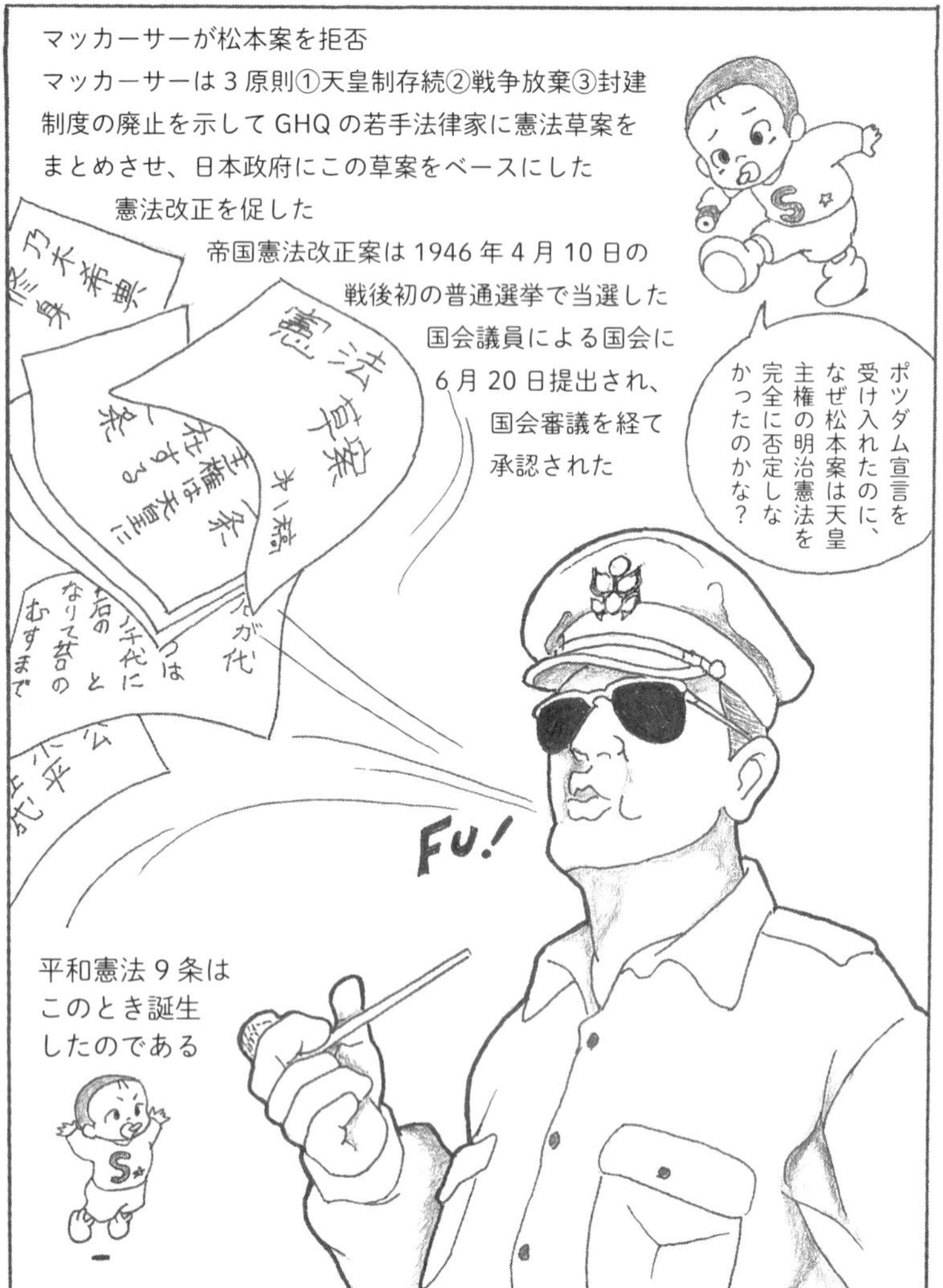

マッカーサーが松本案を拒否
マッカーサーは３原則①天皇制存続②戦争放棄③封建制度の廃止を示してGHQの若手法律家に憲法草案をまとめさせ、日本政府にこの草案をベースにした憲法改正を促した
帝国憲法改正案は1946年4月10日の戦後初の普通選挙で当選した国会議員による国会に6月20日提出され、国会審議を経て承認された
ポツダム宣言を受け入れたのに、なぜ松本案は天皇主権の明治憲法を完全に否定しなかったのかな？
憲法草案
FU!
平和憲法９条はこのとき誕生したのである

た「憲法草案要綱《そうあんようこう》」が内閣に届けられ、記者団に発表もされました。この日本人有識者グループによる草案は、ＧＨＱが憲法草案を作成するうえで重要な影響を与えています。

戦争を放棄する条項については、終戦間もなく就任した幣原喜重郎首相の永年の思い入れがマッカーサー元帥の心を動かしたとの説が有力です。幣原喜重郎は戦前、外務次官、駐米大使、外務大臣を務めたこともあるアメリカやイギリスに近い考えを持った外交官出身の首相です。『マッカーサー大戦回顧録《たいせんかいころく》（下）』（中央公論新社、初版）に幣原氏が日本は軍事に関係する組織はいっさい持たないことをきめたいと提案し、マッカーサーがびっくりしたものの、「私はこれを憲法に織り込むことをすすめた」と語ったようすが書かれています。

幣原首相のアイデアなどを取り入れＧＨＱが作成した案が、国会と今はなくなった枢密院《すうみついん》でいくつか修正されてから、吉田茂首相の在任中に今の平和憲法が生まれました。日本の民間の学者などが作った憲法の案を参考にしてＧＨＱが主導して作ったことで、かえって、日本が勝手に作った憲法ではないと国際的にも認められる度合いが高くなったという意見もあります。

あたらしい選挙法による戦後初めての総選挙で選出された国会議員466人のうち、新しい憲法案に反対したのは、天皇制が続くことに反対する共産党の5名だけでした。

1951年9月8日にサンフランシスコで平和条約が調印され、翌年の1952年4月28日、日本は独立を果たしました。この時点で現在の自衛隊はまだ保安隊のままです。

外国では憲法改正は何度も行われている、はホント？

ドイツの場合

日本と同様に第二次世界大戦の敗戦国であるドイツは、日本と違い戦後すぐに東ドイツと西ドイツの二つの国に分断されました。西ドイツは1949年にドイツ基本法を制定し、憲法の代わりとしてきました。改定は何度もされましたが、これは憲法扱いされてはいましたが実質は法律ですので、これは特別のケースに過ぎません。

アメリカの場合

アメリカの憲法の改正手続きは、もともとの憲法に修正条項を加えるやり方ですが、日本以上にハードルが高く簡単には変えられません。まず連邦政府の上院と下院の各

ベルリンの壁崩壊、東西ドイツ統一

3分の2以上の賛成が必要で、その後全米50州の4分の3（38州）以上の州議会での同意が必要です。アメリカでは憲法制定後250年たちますが、修正が加えられたのはごくわずかです。

改憲派の憲法改正案と国民投票

9条の改正案

残念ながら、憲法を変えようとする政府に大きな声で反対する大人たちはあまり多くありません。データとしては少し古いですが、安倍政権時代の2019年4月11日付東京新聞に、共同通信社が実施した世論調査結果（18歳以上の男女3000人が対象）が載っています。

改憲そのものに賛成する割合は約63%、改憲に反対する割合はわずか31%でした。改憲賛成派の最大の賛成理由は、58%の人が「憲法の条文や内容が時代に合わなくなっているから」と回答しました。そして改憲賛成派の半数以上が、議論しなくてはいけないことは「憲法9条と自衛隊のあり方」と回答しています。

9条に自衛隊の存在を書き加える安倍首相の提案について、実に7割近い回答者が賛成しています。今の自民党政府が続けば、みなさんが大人になる頃は、いくら戦争反対と言っても手遅れになっている可能性が大きいのです。

緊急事態条項

自民党政府が一番改正したいのは、自衛隊の存在を憲法9条に書き込むことですが、二番目に改正したいのは、緊急事態条項を憲法に書きこむことです。

これは、日本の安全にとって一大事が起きそうになったらどう対応するべきかについて、すべての国会議員に相談して決めるのではなく、「内閣の権限を強め個人の権利を制限できる条項の新設」を内閣だけで決めて法律と同様にあつかい、国民に強制することが目的です。民主主義の原則に大きな例外を設けようとするたくらみですが、こんな危ない改正（悪？）についても44％が賛成と、反対の53％とほぼ同じ数の人が賛成しています。

教育の無償化と参議院合区解消

これらは9条改正や緊急事態条項に比べたら付け足しのようなものです。特に教育無償化などは、憲法を変えなくても今の憲法のままですぐにもできることです。

参議院の選挙の合区ですが、自民党は人口が少ない鳥取、島根、高知、徳島県からも必ず各県1人の国会議員を置いて欲しいと頑張っています。これらの県は従来自民党議員がいた県です。

日本にも正式な軍隊（国防軍）を作るために改憲したい大人が、改憲のハードルを下げるために国民が簡単に賛成しそうなこれらの案を抱きあわせて提案しているだけですので、騙《だま》されないようにしないといけません。

国民投票

こんなに危険がいっぱいの憲法改悪ですが、ひとたび国会で衆議院・参議院それぞれの総議員数の3分の2以上の賛成があると衆参両院で可決され、すぐに国民投票に持ち込まれます。幸い2024年10月の総選挙で衆議院は改憲勢力が3分の2を割りましたが、参議院は現状では改憲派が3分の2以上を抑えています。

国民投票法は投票日の2週間前までテレビの広告をいくらしてもよいことになっています。自民党などの改憲派はお金がたくさんあるので、新聞やテレビに広告をたくさん出し、「憲法を変えよう」の大合唱をします。

繰り返しになりますが、いざ戦争が起きたら戦場に送られるのは憲法改正に賛成の中高年ではなく、若い男女のみなさんです。もし国民投票になったら、今の平和憲法が変わってしまったらどうなるのかを自分ごととして考え、投票に臨《のぞ》むようにしてください。

バランスの取れた軍事力を準備することなど不可能

石破首相はよく、諸外国の軍事力を踏まえたうえで「軍事バランスを維持することが大事」などと言っていますが、僕は軍事力のバランスなど取れるわけがないといつも言っています。

どこの国も、自分たちの軍事力に関する情報は最も秘密にすべきと考えて隠しています。正確に敵の軍事力を把握することなどできないのです。内閣官房長官が記者会見で、記者たちから自衛隊や防衛省の動きに対する質問をされると、決まって「その問題は防衛政策にかかわることですので回答を控えさせていただきます」と質問に答えません。政府は日本の国民に対してさえ軍事情報を隠しているのに、「軍事バランスを維持することが大事」などと言う政治家は、よほどの不誠実か嘘つきです。

だまされてはいけません。「日本を攻めてくるかもしれない」と国民に思わせている近隣国と、軍事力のバランスを取ることは不可能です。それなのに兵器を増やした

武力で平和はつくれない

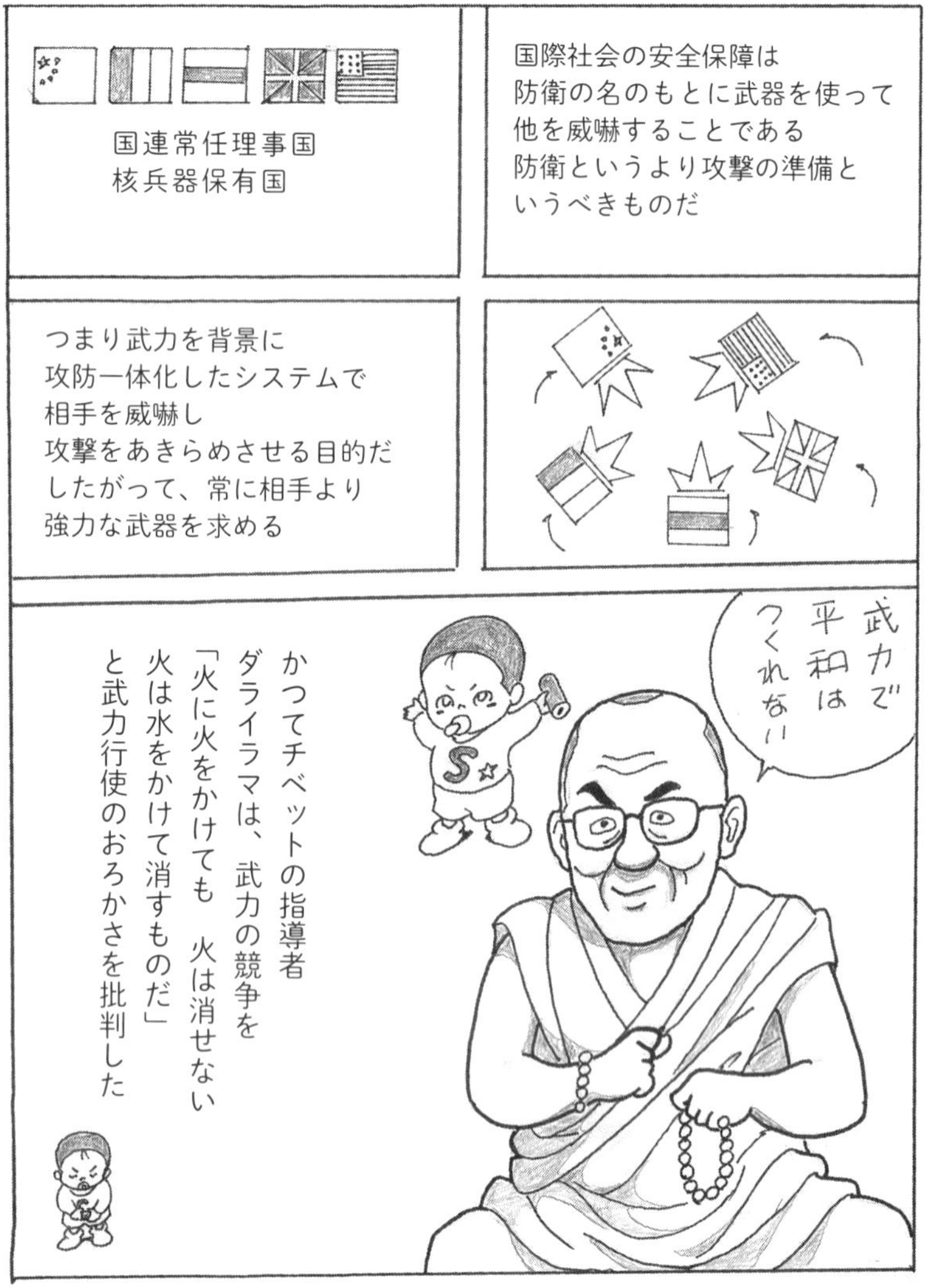

国連常任理事国
核兵器保有国
国際社会の安全保障は
防衛の名のもとに武器を使って
他を威嚇することである
防衛というより攻撃の準備と
いうべきものだ
つまり武力を背景に
攻防一体化したシステムで
相手を威嚇し
攻撃をあきらめさせる目的だ
したがって、常に相手より
強力な武器を求める
武力で平和はつくれない
かつてチベットの指導者
ダライラマは、武力の競争を
「火に火をかけても　火は消せない
火は水をかけて消すものだ」
と武力行使のおろかさを批判した

り弾薬庫を全国あちこちに作るのは、まったく矛盾していることに気付きましょう。

相手国の軍事情報を勝手に想像し、相手を上回る軍事力を持とうとすれば、結果としてどんどん軍事力はエスカレートするばかりで、軍需産業を喜ばせるだけです。

現在の政治家はそんなこともあいまいにして税金を使って兵器を開発し、アメリカから戦闘機やミサイルなどを爆買いして税金を無駄に使っています。

6　今も残る戦争関連施設の跡

かつての日本軍の軍事演習場、基地や飛行場の跡地は、現在も全国にたくさん残っています。みなさんの住まいのそばにも自衛隊駐屯地や米軍の基地があるかもしれませんが、それらは多くの場合、旧日本軍の施設があった場所です。１９４５年の敗戦と同時に武装解除され、完全に非武装国家として再出発した日本ですが、それらが再び自衛隊や米軍の軍事施設として使われているところが多いのです。

軍事施設ではなくなっていますが、驚くほど身近に戦争関連施設の跡地は存在します。

東京の代々木にあった広大な旧陸軍の代々木練兵場《れんぺい》（演習場）は、戦後米軍に接収され、米兵の宿舎が建てられました。現在はＮＨＫ放送センターが建っており、代々木公園としてお祭りや集会に使われたりしています。２・26事件（１９３６年２月26日に起こった軍の若手将校らによるクーデター）の首謀者たち18人が死刑判決を受けて銃殺されたのもかつて陸軍刑務所があったこの場所で、今は「二・二六事件慰霊像」が建てられています。

戦争が終わり日本の戦争責任が裁かれた極東軍事裁判（東京裁判）は、東京・市ヶ谷の現在防衛省があるところで行われました。最も罪の重いＡ級戦犯として起訴された28名のうち、平和に対する罪などで死刑判決を受けた陸軍軍人と、ただひとり文民（非軍人）の広田弘毅元首相の７名が絞首刑を執行されました。刑が執行された巣鴨刑務所（巣鴨プリズン）は現在の池袋サンシャインビルの敷地で、隣接する東池袋中央公園には、「永久平和を願って」と刻まれた慰霊碑があります。

僕は福岡県久留米市や熊本県熊本市、鹿児島県霧島市など全国講演に行く先々で、そんな旧軍ゆかりの地などをたくさん見ています。みなさんも、少し調べれば、自分の行動範囲にそのような戦争に関係した場所があるかもしれません。

戦争が終わってから80年がたち、その記憶はますます薄れつつありますが、そのような場所を訪ね、そこでどのようなことが行われたのか、なぜそうなってしまったのか、考えるきっかけにしてみてはいかがでしょうか。

第3章

「恒久平和日本」のつくり方

1　日本を永久に戦争のない安心で安全な国にする3つの目標

第二次世界大戦で戦争の被害をいやというほど味わった日本国民は、アメリカが日本を占領している間に、世界でも例のない平和憲法を奇跡的につかみ取ることができました。憲法第9条1項には不戦（武力による威嚇又は武力の行使は永久に放棄する）が書かれ、2項には非武装（陸海空軍その他の戦力を持たない）、そして戦争する権利（交戦権）を認めない、と日本の新しい誓《ちか》いが書かれています。この不戦・非武装の憲法の条文をその通りに実行すれば、日本は永久に戦争に巻き込まれる心配はありません。

しかしこれまで述べてきたように、日本政府は武器を捨てないどころか、憲法を変えて正式に軍隊を持ちたいと改憲運動を推し進めています。2024年11月にブラジルで開催されたG20会議では、石破首相は、日本とイタリア、イギリスで最新型の戦闘機を一緒に開発する計画を再確認しました。このように、9条をまもり、平和を維持していくことは、困難になりつつある現実があります。

戦争は、どんな理由があっても絶対にしてはならない野蛮で残酷なものです。そう考える人はたくさんいますので、戦争反対を訴える本は書店にたくさん並んでいます。しかし、「ではどうしたら、日本を永久に平和な社会に作り替えられるか」ということについて具体的に書いた本は、見たことがありません。

そこで本章では、憲法第9条をまもって、恒久平和日本を建設するための具体的な目標を、3つ提案します。

目標1　防衛省を廃止して新しく防災平和省を作ります

災害に関連するすべての業務と、国境を警備し領土・領海・領空の監視業務を扱う新しい官庁「防災平和省」を設立し、配下に現在の消防庁消防隊、防衛省自衛隊を中心に結成する国際災害救助即応隊ジャイロを置きます。ジャイロは50万人体制（当初は男子30万人、女子20万人体制でいずれ男女ともに各25万人体制に）で、日本全国そして海外で発生する自然災害現場に素早く駆け付け、人命救助・災害復旧に力を発揮する実働部隊です。

目標2　日米安全保障条約を解消して日本を真の独立国にします
日本に駐留する米軍を全員本国に帰還させ、日本にあるすべての米軍施設を災害救助即応隊の施設などに転用します。
目標3　日本を一人の兵士もいない非武装で中立の国にします
日本から、あらゆる軍人、軍事施設、軍需産業を無くします。

みなさんは、現在の沖縄の米軍基地や政府の動き、そして今起きている世界の紛争をみると、この目標を実現するのは簡単ではないと思うでしょう。石破首相をはじめとする政治家、学者、平和運動家で、僕たちのような目標を立てて実現させようと真剣に取り組んでいる人は、残念ですがほとんどいません。日本中に7500以上あると言われている「9条の会」（2004年に井上ひさしさんら9名で作った護憲ネットワーク）の会員の大人たちでさえ、「不戦・非武装が実現したらいいなぁ」と思いながらも、「理想だけど実現するのは難しい」とあきらめている人が多いのです。この目標が簡単には実現しそうにないと思うのは無理もありません。
ですが、誰もが願う「恒久平和」を実現するためにはこれしかないと、考えに考えぬき、具体的にまとめたのがこの3つの目標なのです。この目標を、「できっこない」から、「もしかしたらできるかもしれない」「きっとできる」「これしかない！」と、次世代を担うみなさんに思ってもらえるように、これから説明していきます。

2　防衛省の廃止と新官庁「防災平和省」の創設

2024年元旦、石川県の能登半島で大きな地震による被害が起こり、関連死も含めて死者は235人を超えました。崩壊した町は1年以上たってもいまだ完全に復興していません。2024年8月には南海トラフ巨大地震発生の前ぶれのような大きな地震が宮崎県の沖合で発生し、近隣の住民を恐怖におとしいれました。

大きな自然災害に対する備えを急いでしなければならないことを、将来あるみなさんによく知ってもらいたいと思います。

大地震の備えのための時間はあまり残っていません。南海トラフ地震は、明日にも起きます。愛知、静岡などを中心に、およそ300万人が住む家を失うとの予測が、最新情報として出ています。

将来のあるみなさんにとっても、防衛省を災害救助などを専門とする防災平和省に衣替《ころもが》えすること、実際に災害が発生した際にすぐ駆けつけて被害にあった住民の人命を救助する災害救助即応隊（ジャイロ）をつくることが何より急がれます。

自然災害が起きた場合の対応

日本は自然災害の多い国ですが、現在は誰がどう対応しているのでしょうか。

①自助（自分の命は自分で守れ）

普段から地震が起きても家具が倒れないようにしておく、夜の地震や災害に備えて懐中電灯やヘルメットをそばに置いておく、ガラスが散乱しても逃げられるよう履き物をそばに置いておく、食料や水など生活物資が手に入るまでの間、困らないように備蓄しておくなどの備えが、「自助」です。

②共助（隣近所でお互いに助け合って命を守れ）

地震、津波、地すべり、雪崩、河川の氾濫などの大規模自然災害が発生し家にいるのが危険になったら、住民はまず指定された避難所に避難し、少し落ち着いたところで仮設住宅などの避難場所に移動します。

避難場所は多くの場合近くの小中学校などとなっていますが、深夜、学校の校門も室内避難場所の体育館なども鍵がかかっていてすぐには開けられません。いったい誰が鍵の保管場所を知っていて、真っ先に駆けつけて鍵を開け、真っ暗な中で照明や暖房をつけ、トイレやベッドを用意して住民を誘導するのでしょうか。

現状はすべて住民の自治会、町内会などの自主防災組織にまかされています。ある中学校で聞いたところ、校門のダイヤル式の鍵を開ける番号を知っている職員は4人おり、その人が駆けつければ鍵を開けられると言っていました。その人たちは午前3時や4時にすぐ起きて駆けつけてくれるでしょうか。

東日本大震災から8年目の3・11東日本大震災を特集したテレビ番組で、地域の住民を避難場所に連れて行くことを任されている住民が取材に答えて「自分たちがいくら訓練をしているといっても、いざという場合に決められている行動を落ち着いて、決められている通り行うのは困難です。やはり誰か専門家の人にやってもらわないと不安です」と言っていました。

現状の「共助」は、一番大切な初動段階が地域の一般住民、いわば素人《しろうと》に任されているわけです。

③公助（政府・自治体が責任もって住民の命を守るべきだ）

災害救助の最終的な責任は、被災地域の市役所、町村役場の担当課など地方自治体です。自治体が担う公助の部分は災害の広がり、大きさによっては都道府県の防災・災害を担当する部局が対応します。

現場で公助として実際に人命救助をしてくれるのは、市町村の消防署の消防士、消防団の人たちです。緊急の場合や地元の力だけでは救助が困難な場合は、警察庁のレスキュー隊、消防庁のレスキュー隊など救助のプロ集団に駆けつけてもらいます。広域の大災害などでは知事が自衛隊に頼んで出動してもらうこともあります。このほか全国からボランティアも駆けつけるので、被災地の現場は混乱することもあります。

救助の際の司令塔は、警察は警察庁や県警本部、消防は市町村の消防署、レスキュー隊は県の消防本部、ケースによっては総務省の消防庁といろいろ分かれています。緊急時には混乱しないよう統一した指揮命令による救助活動が必要ですが、現状では大小さまざまの地方自治体組織、自衛隊、消防署、警察、国交省などが、それぞれの指揮系統に従って別々に救助行動をしているのです。

日本人の恐怖

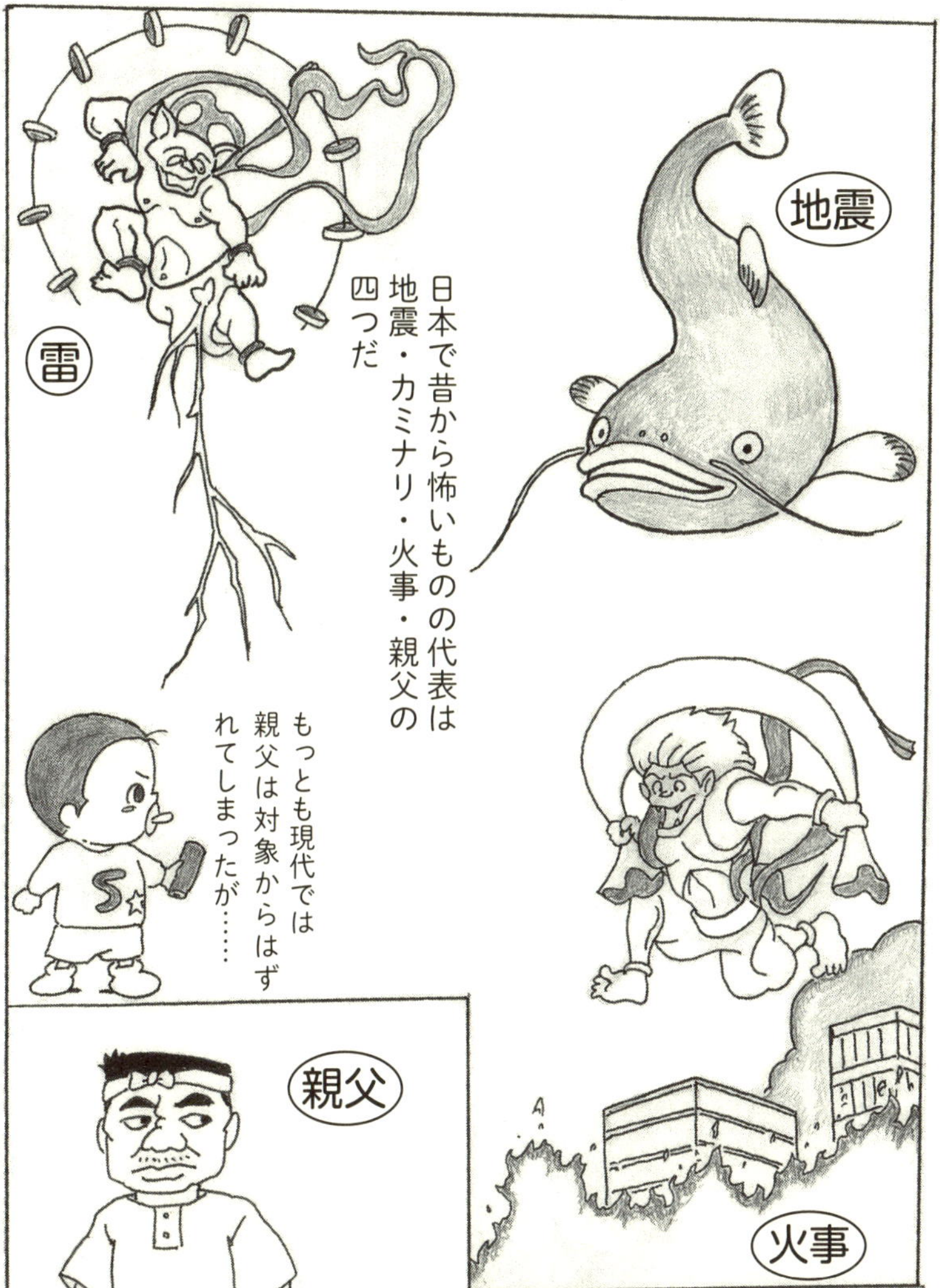
地震
雷
日本で昔から怖いものの代表は地震・カミナリ・火事・親父の四つだ
もっとも現代では親父は対象からはずれてしまったが……
親父
火事

これでは、十分にその力を発揮できないと思いませんか？　じっさい、東日本大震災の際も、異なる命令系統を持つ災害救助組織がお互いに遠慮したり調整がつかなかったりして、救助活動がダブったり不足したりといろいろ問題がありました。こうなると、助かる命が助からないことにもなるのです。

そんな現状を、２０１３年から毎年、東北の被災地に慰問《いもん》に行って知った僕は、災害大国日本の防災、減災、災害救助・復興のための新しい官庁組織をつくる必要があると強く感じました。統一した指揮命令系統のもとで動く、災害救助のプロ集団がこの国には絶対に必要です。

それこそが、「国際災害救助即応隊」通称ジャイロ（Japan International Rescue Organization）の考えです。現在定員25万人の自衛隊員をジャイロに生まれ変わらせれば、隊員もそのご家族も、地域住民から今より尊敬されるようになるのではないでしょうか。

防災平和省の任務

防災平和省には、大きく分けて二つの部局があります。一つは防災・災害対策局で、国内外の災害救助を担当します。もう一つは国境警備・監視局で、日本の領土・領海・領空を24時間警備監視して、不法な領土・領海・領空の侵犯者に対して国内法によって取り締まり、国民の命、生活の安全を守ります。

防災平和省（通称：防平省《ぼうへいしょう》）は、防衛省を廃止したうえで防衛省の希望者全員と施設の一部を引き継ぎます。国土交通省と傘下の海上保安庁・気象庁、および警察庁、消防庁などの中で防災や災害救助を行う部門とそれぞれの救助隊を一つに集めた、災害救助と防災、災害を少なくする減災対策、そして国境警備任務を統括する新しい官庁です。

災害救助と国境警備を行うための実働部隊として、国際災害救助即応隊（ジャイロ）を組織のなかに置きます。

防災平和省は、総人員68万人ほどが働く巨大な新しい官庁になるでしょう。世界一とも言える自然災害国として、防災・災害救助組織の指揮命令系統を一つにし、明日にも起こるかもしれない関東大震災、南海トラフ大地震に備えるのです。

ジャイロの任務の90％は災害救助、10％が国境警備・監視です。当初は自衛官が全員転籍するので、ジャイロの多くは元自衛官です。災害対策局で災害対策・救助部門を統率するのは、災害救助の専門官庁の総務省消防庁の災害救助部門と全国各県の消防本部の災害救助に詳しいスタッフです。これまでの経験を活かして的確な指揮をするでしょう。

国境警備・監視局で国境の警備と監視を統率するのは、元自衛官が経験を活かして行います。

国際災害救助即応隊ジャイロ

ジャイロは日本全国の都道府県にそれぞれ平均1万人が常に駐屯《ちゅうとん》します。札幌、仙台、東京、名古屋、大阪、福岡など大都市のある県には若干人員を追加します。全国には5570万世帯あると言われているので、約100世帯に1人の割合になります。各都道府県に1千人規模の中央駐屯地を置き、都道府県内に1か所百人規模の詰め所を90か所くらい置きます。

ジャイロの駐屯地は、米軍撤退後の米軍基地および廃止となった自衛隊基地跡地などを優先的に利用します。児童数が減って増えつつある小・中学校の廃校跡地も、駐屯地として有効に活用できます。

防災平和省

憲法で戦争をしない国と決めた国、日本
第二次世界大戦の敗戦後、他国との戦争で命を失なう人はいなくなった
いま、日本人の生命を奪う災害は、ほとんどが自然災害だ
政府が国民の生命と財産を守るというなら
防衛省でなく防災平和省こそつくるべきだ
それが、どの国よりも早く
戦争しないと決めた平和憲法をもつ日本の道だ

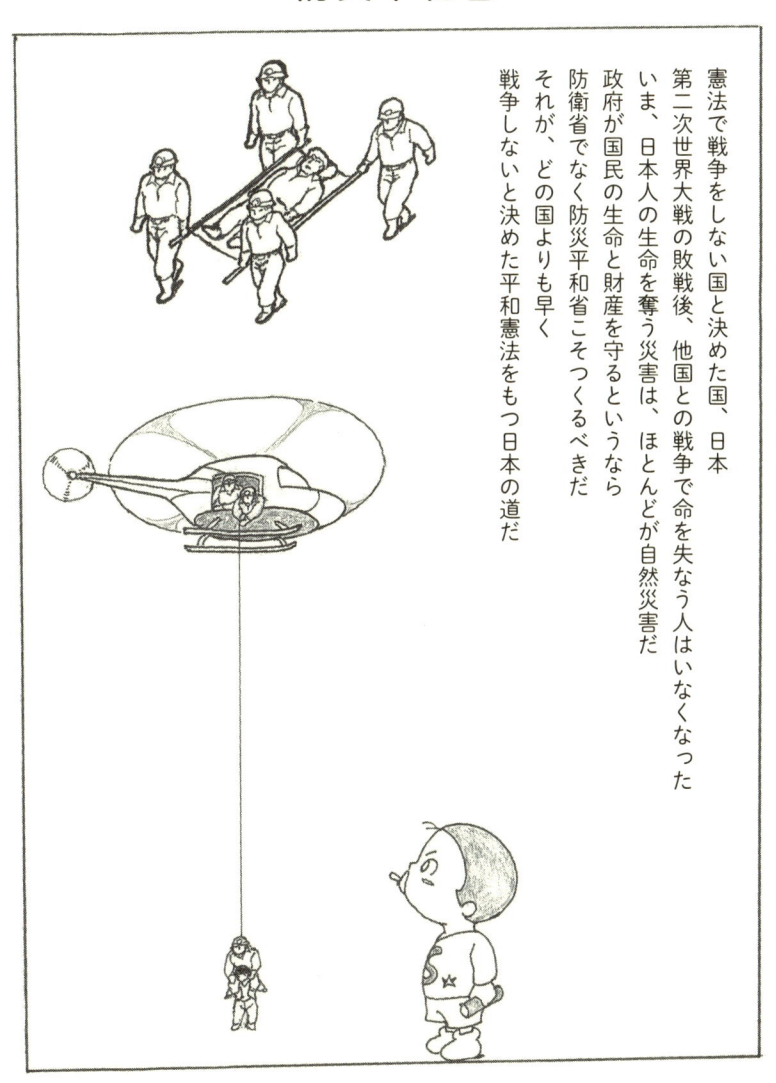

駐屯地および詰め所には、災害発生時に100〜1000人の被災者を収容できる避難所を作ります。避難所は、津波にも安全な海抜30メートル以上の高台に、耐震構造で風水害被害にも耐える頑丈な建築物を用意します。避難者のための駐車場も被災者2人に1台程度のスペースを確保し、お年寄りを避難所に搬送するための車も、それぞれの駐屯地及び詰め所に用意します。運転するのはジャイロ隊員です。

緊急避難の間の1か月程度は被災者が日常に近い生活を送れるような、プライバシーに気を配った設備を整えます。

記憶に新しいところですが、新型コロナウイルス感染症の流行は、日本経済に深刻な損失を招きました。新型コロナのようなパンデミックへの対応でも、ジャイロは威力を発揮します。

まずはジャイロ付属の医療専門チームが、感染防止のために病院や市町村と一緒に協力して活動します。国内の蔓延《まんえん》が収まったら、ジャイロの医療活動は海外にも向けられます。全国に設けられる避難施設には、障がい者や女性に配慮したトイレや入浴設備などとともに、新型感染症の無症状感染者などを収容できる隔離《かくり》施設も完備させます。この避難施設は、普段は地域の人々が交流する集会施設、児童保育施設としても利用できるようにしておきます。

ジャイロ隊員の待遇は国家公務員で定年は65歳、年齢に応じて担当する職務の内容は変わります。給与は経験年数、職位（役職）、資格などによって異なりますが、平均すると年収1千万円ほどと考えています。人件費は50万人で5兆円ですから、現在政府が考えている11兆円の防衛予算を考えたら、半分以下で十分間に合います。

将来、災害救助士の国家資格制度を作り、国家資格を目指す人のために専門学校や大学の専門学部、専門学科をおきます。世界で活躍するのに必要な知識、語学教育などをそこで行います。

防災・災害対策局の任務

災害救助部門ジャイロの半分ほどは元自衛隊員でスタートして、災害救助活動のために被災地の災害現場に向かいます。被災地に食料、水、医薬品などの支援物資、人命救助に必要な重機を運び届けるための輸送道路の確保などは、自衛隊の施設科、国土交通省の道路建設部門の出身者が経験を活かして担当します。ジャイロの救助部隊を災害現場に運ぶ輸送については、陸上であれば元陸上自衛隊・輸送科隊員ジャイロと、陸自が所有していた大型輸送トラックなどを使います。海上輸送であれば元海上自衛隊員ジャイロが大型輸送船を操縦して被災現場に駆けつけ、空路であれば元航空自衛隊員ジャイロがパイロットとして大型輸送機を操縦して現場に安全かつすみやかに輸送します。

海外の自然災害にも出動するジャイロ

ジャイロの特筆すべき特長として、日本国内のみならず海外の災害対応にも出動することが挙げられます。

２０２３年2月6日に発生したトルコ・シリアの地震では、５万人が亡くなり東日本大震災の何倍もの大きな被害が出ました。防平省の災害対策局で災害救助を主に担うジャイロは、世界各地で発生する大規模自然災害にも、要請さえあれば原則として災害発生から72時間以内に駆け付けます。

海外の災害にも日本の救助活動範囲を広げることは、結果的に日本の平和につながります。中村哲医師がアフガニスタンで水路を整備して砂漠を畑にした活動と同様、これこそが日本の平和を確実につくることにつながるでしょう。防災平和省の「平和」は、災害救助活動を通じて日本の、そして世界の平和を実現する役割を果たすことから名付けました。

北東アジアや中近東など、世界には今さまざまな緊張関係が存在しています。そんな中で軍隊を持たない日本が、無償《むしょう》で災害救助活動を行うのです。かつて中国四川《しせん》省《しょう》の大地震で、日本は自衛隊による救援を申し出ましたが、中国側から断られました。過去に中国人が日本の兵隊にひどい目にあった体験を思いだしたくないというのです。そこで日本が代わりに消防庁の救助隊員を出動させたところ、彼らの一生懸命でていねいな救助活動に、中国の被災地の人たちが大きな感銘《かんめい》を受けたといいます。

被災国の人々は、兵隊が着る迷彩服《めいさいふく》などでなく遠くからも目立つ色の救助隊の服装で駆け付け、献身的《けんしんてき》に活動する日本の救助隊ジャイロに感謝し、日本の人道支援活動を高く評価するにちがいありません。この全世界の自然災害にたいする災害救助活動は、日本の安全保障を確かなものにします。これこそが積極的平和主義の実践活動です。

海外での救援活動には多額の費用がかかりますが、この素晴らしい人道支援活動を支えたいと思う国内および海外の企業から多くの寄付金、義援金《ぎえんきん》などが寄せられることでしょう。

最強の技

師匠！
一番強い技を教えて下さい
それは相手と友達になることだ
本当に強い者は、敵を作らない

かつてある武道の
開祖は
弟子に問われて答えた
敵をつくるより
友達をつくること
これこそが
最強の技だ

災害救助即応隊ジャイロ

国際災害救助即応隊（ジャイロ）のメンバーは
母国の国籍を離れ人類全体に奉仕する立場で
活動するのが望ましい

老師の水の思想
最上の善は水に近し、
水は善く万物を潤し、
多大の恩恵を与えるが、
それでいて高きを競うこともなく、
むしろ人のいやがる低湿の地に安んじている
人の道のあり方に近い災害救助活動を行う人の
あり方もこうありたい

国境警備・監視局の任務

防災平和省のもう一つの部局、国境警備・監視局では、日本の領土・領海・領空を24時間監視し、不審者、不審船、航空機などの不法な領土・領海・領空の侵犯がないか警備します。

もし不法な国境侵犯があり退去命令に従わない場合は、不法入国の罪で日本の法律に従って処罰します。

国境といっても日本は周囲を海に囲まれているので、領海と領空の警備監視が主です。陸上自衛隊出身のジャイロ約1万人は「りくガード」として離島などの海岸（浜）から沿岸警備・監視を行います。沿岸警備をしつつ陸上の不審な密入国者がいないか監視を行えば、横田めぐみさんのような拉致《らち》被害も二度と起きないでしょう。

海上で領海を警備監視するのは、元海上保安庁の職員だった約1万4500人と海上自衛隊出身のジャイロ、合計3万人ほどの「うみガード」です。

領空を警備するのは元航空自衛隊出身のジャイロ1万人による「そらガード」です。

これらガード部隊は元の職場の経験を活かして職務の遂行をしますが、あくまで警察組織ですので武器は法律の許す範囲でしか使用できません。りく・うみ・そらガー

武力は暴力か？

武道は一般的に
個人間の紛争をおさめるための
必要最小限の暴力
これに対して武力は一般的に
組織や国家間の紛争に使われる暴力であり
個人的なうらみのない者同士が命を奪い合う
非道な暴力である
世の中に
話し合いで解決できない紛争はない
だから武力は絶対悪である

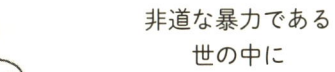

ドの人員の配分ですが、日本には島の数が1万4000以上あって海岸線が入り組むリアス式海岸が多く、海岸の長さは世界でもトップクラスです。沿岸警備は最重要ですから、うみガードの人員を多く確保する必要があります。先年、北海道知床観光の観光船が沈没し多くの犠牲者が出ましたが、海上保安庁の救助船の出動の遅れが被害者の数を大きくしました。日本は海難事故も多いので、うみガードの人員は多めに必要です。

それでも全体としては国境警備・監視局の人員は出来るだけ少なく抑え、防災・災害対策局の人員を手厚く配備します。

3　ジャイロはこんなにも役に立つ

介護や行政サービスの人手不足解消

ジャイロは普段、災害の発生がない間は救助訓練や輸送手段および重機の整備に従事しますが、それ以外の時間を活用して、地域の課題を解決します。

例えば、全国各地の駐屯地所在地で人手不足のために衰えつつある農林水産業など一次産業のお手伝いをして、荒れはてた畑や田んぼの復活、再生や森林の伐採《ばっさい》や整備などを行います。この活動を通じて、地方の一次産業（農業、林業、漁業）が元気になり、国民が必要な食料を輸入に頼らず、すべて日本国内で生産する食料自給率の100％達成を目指します。

このほか、各自治体の要請で「何でも屋」的にあらゆる住民に対する行政サービス業務（例えば高齢者の通院や買い物支援）まで、幅広く、直接あるいは補助的に行います。こういった業務には、全国5000か所以上に設置されている地域包括支援センターや民生委員の人たちと連絡を取りあって協力しながら従事します。

現在、日本が抱えている最大の問題は、少子高齢化、地方の人口減少と、それにともなう必要な社会福祉経費の増大および担い手不足です。これは全国共通の社会問題であるものの、とりわけお年寄りが増えて若者が外に出て行ってしまう地方でより深刻です。介護業界などは慢性的な人手不足によって事業の継続が難しくなっているところもありますが、これは日本の生産年齢人口（15歳から65歳）が毎年100万人減少している中で起きていて深刻な問題です。

今の政治家は防衛費には巨額の予算を使うのに、介護や教育分野への予算を増やそうとしないため、行政サービスの現場では非正規公務員（いつ解雇されるかわからない不安定な立場）の割合がどんどん増加しています。対策として自公政権は急ごしらえの新たな就労資格をつくって２０１９年４月から介護や単純労働に外国人を大幅に受け入れ始めましたが、人口減少から生じる人手不足の根本的な解決にはなっていません。

現在の自衛隊員は、外国から攻められるかもしれないというありえない事態に備え、普段から体を鍛えたり、大型運転免許などの資格を取るなどして過ごしています。地方の行政サービスがどれだけ人手不足であっても、働き盛りの隊員たちは、ずっと自衛隊内で一日を過ごしています。自衛隊を衣替えして創設するジャイロの特色は、訓練や整備以外の半日ほどの時間を地元社会のため行政サービスに振り向けようというのです。行政サービスに振り向ける時間や時間帯などの調整は、各地の事情に応じ全国で同じにする必要は全くありません。

国の労働力調査によると、バブル経済がはじけ飛んで不景気になった就職難の時代に大学を卒業した人などを中心に、働き盛りの年代の非正規労働者が４００万人もいるとされています。この人たちを特別国家公務員のジャイロとして採用すれば、戦地に行かされて人を殺したり殺されたりする心配もない安定した職業として、どれだけみなから喜ばれることでしょう。

人口集中の解消と地方経済の活性化

新型コロナウイルス感染症の蔓延《まんえん》では、人口過密な東京・大阪・札幌などの大都市で感染がより拡大しました。人口が大都市に集中しないよう全国に等しく分散させることは、地方の経済を元気にするだけでなく、これからも起こるかもしれない感染症のリスクを減らすことにもなります。

また、ひとたび大規模災害が人口の集中する大都市で発生すれば、その経済的な被害は大きな規模になります。近い将来、災害が発生しても被害をできるだけ小さくして日本経済をマヒさせないためにも、人口の大都市集中は真っ先になくさなければいけません。

都会から地方に人口を移動させるため政府は民間企業に地方に移転してもらう案などを考えていますが、民間企業に人口が少なく経済規模も小さな地方に移転してもらうのは、現実的にはむずかしいと思います。しかし国家公務員ジャイロは、民間企業と違って利益を上げる必要はないので、全国に配備できます。各県に1万人のジャイロ隊員が家族とともに駐屯地域で生活をするようになれば、そこで消費が発生し新しい地域経済が生まれます。人口分散にも一役買う一挙両得の案です。

4　ジャイロ構想の実現可能性を考える

災害救助即応隊（ジャイロ）構想を実現できるかどうかは、ジャイロの構想が素晴らしいことはわかってもらえても、自衛隊と米軍がなくなっても全く心配いらないことをどう理解してもらうかにかかっています。

自衛隊をジャイロに衣替えすることに国民は賛成するか？

自衛隊を廃止することについて、憲法第9条のおかげで憲法上はまったく障害はありません。今ある自衛隊法という法律を、国際災害救助即応隊法に変えるだけで良いのです。世論調査によれば、国民が自衛隊を廃止しないでほしいと思う理由の70％は、自衛隊の災害救助での活躍ぶりが素晴らしいからです。

災害時の緊急支援活動に関係する省庁が、これまでいくつにも分かれていたため、円滑かつ迅速に救助ができなかった東日本大震災の苦い経験、能登半島地震の自衛隊の対応の遅れを国民は知っています。

第一に現在の自衛隊の主任務は日本の主権と領土を守ることで、災害救助活動は戦争がない間にだけおこなう補助的な任務に過ぎないことを知りましょう。

災害時などにテレビの報道などで見る自衛隊による被災地での献身的救援活動は、自衛隊にとって、何があっても必ず行うと決まっている仕事ではありません。あくまで災害が発生している時に戦争が起きておらず、自衛隊が軍事出動しなくても大丈夫な時だけ行える仕事です。

自衛隊の救助活動を見て、災害などの救助活動のために自衛隊があると思ったら大きな誤解です。海外でも災害救助はほとんどの国で軍隊の仕事ですが、日本ほど自然災害は多くないですから、外国ではそれで間に合うのです。

このことが理解してもらえれば、国民が衣替えに反対どころか賛成することは間違いありません。

自衛隊をジャイロに衣替えしても、隊員は失業しない

現職自衛隊員はジャイロに全員再雇用されるので失業しません。海外にも行きますが、戦争をしに戦場に行くのではなく被災地へ人命救助に行くのです。人を殺したり殺されたりすることのない人道支援の国際貢献活動ですから、ジャイロへの転籍は自衛隊員および家族からむしろ歓迎されるでしょう。

隊員の追加採用についても、安定した国家公務員としての採用ですから若者の人気は高いと思います。僕は全国で講演していますが、講演会に来た若い男女から、「ジャイロができたらぜひ加入したいです」と言われています。

自衛官の待遇は、実は民間企業、地方公務員と比較しても優遇されています。それでも定員割れ状態が続いているのは、多くの若者は戦争に行きたくないからです。いくら軍事予算を倍増して兵器を買い込んでも、それを扱う自衛官がいないとなれば、兵器を無駄に置いたままにするか、徴兵制を実施してみなさんのような若者男女に自衛隊員になってもらうしかありません。

実は自衛隊も米軍も抑止力になっていない現実

自衛隊の存在意義について、よく「家の戸締りと同じで、国を守るには軍事力が必要だ」という意見があります。確かにそうかなと思わせるのですが、よく考えてみれば、「家の戸締りはできても、空の戸締りはできない」と気づくのではないでしょうか。国を守るには、ミサイルや爆撃といった空からの攻撃に備えることも必要です。

ただ、自衛隊や米軍であっても、完全に空に鍵をかけることはできません。日本の自衛隊も米軍も、予想もできないところから飛んでくるミサイル攻撃を完全に防ぐことはできません。これは軍事専門家も認めています。

本当に戦争で敵に勝とうと思ったら、敵の基地を先に攻撃し、敵の反撃する能力を徹底的に壊滅《かいめつ》してしまうしかありません。それには30兆円以上の防衛予算と50万人以上の自衛隊員が必要ですが、それは日本には無理な相談です。

日本に本当にうらみや敵意をもって攻めてくる敵がいるとすれば、彼らは日本の自衛隊をいくら強くしてもお構いなしに捨て身で攻めてくるでしょう。核発電所（原発）を50基以上海岸線に並べている日本で核発電所が狙われたら最後、自衛隊でも米軍でも打つ手はありません。かりに日本が戦争に勝ったとしても、放射能の害で人が住める土地はなくなります。

だから、自衛隊や米軍は、実はあってもなくてもそれほど私たちの安全・安心には関係がないのです。

防衛力をいっそう強化すれば日本の抑止力が高まる、そうすれば外国の敵は日本を恐れて攻めてこない、というのがもし本当なら、沖縄諸島でミサイル攻撃を受けたときに備えて沖縄県民を本土に避難させる計画などいらないはずです。つまり、自衛隊にも米軍にも敵に攻撃を思いとどまらせる抑止力が十分にないことを、政府も防衛省も認めているのです。

それでも日本政府が自衛隊を強くしようとするのは、国民に見せかけの安心感を与えるためのアリバイ工作（政府は出来ることはすべてやりました、というふうに見せるポーズ）でしかありません。税金の無駄遣いでしかないのです。

このように現実的に考えれば、自衛隊をジャイロに衣替えすることの方が、はるかに私たちの安心・安全な生活を約束することにつながると納得できると思います。災害大国日本に必要なのは、ミサイルより災害救助即応隊（ジャイロ）なのです。

5　日米安全保障条約を解消して日本を真の独立国に

日本に駐留している米軍にはすぐにアメリカに帰ってもらい、日米安保条約は解消して、代わりに日米友好通商条約を結びます。こう言うと不安を感じる国民も多いのですが、以下のことを知れば、現在の日米安保体制が、日本の国民の安心安全に絶対になくてはならないものではないことがわかるでしょう。

米軍は日本を防衛するために駐留しているのではない

日本が戦争に負け、無条件でアメリカほか連合軍に降参することを受け入れたポツダム宣言には、日本が独立を果たしたら占領軍は直ちに日本から完全に引き上げる、と書かれています。だから1952年に独立を果たした時点で米軍は撤退すべきでした。しかし日本は1951年にサンフランシスコ平和条約で独立を認められた同日に、別の場所でこっそり調印した日米安全保障条約で、アメリカ軍が日本の望む場所に望むだけ基地を持ち利用することを認めました。

1959年、安保条約改定の前年に、「砂川事件」をめぐって米軍の駐留は憲法違反であるとの東京地裁判決（いわゆる伊達《だて》判決）も出たのに、日本政府は裁判に強引な圧力をかけて、高等裁判所の審理を素通りさせ最高裁に持ち込み、結論をうやむやにしてしまいました。

アメリカ軍が日本に基地を置いて駐留しているのは、アメリカが日本の基地を必要としているからで、日本政府はアメリカのご機嫌を取るためにこれを許しているだけです。

日本のように多額の米軍基地の経費（米軍家族宿舎の光熱費まで含む）を負担しているのは、世界でも日本だけです。兵器や戦闘機、軍艦の修理技術の水準もアメリカと変わりません。米軍人も家族も日常生活はアメリカにいるのと同じくらい快適ですから、アメリカ政府が日本ほど都合の良い基地はないと考えるのは当たり前です。

こんなことをいつまでも続けているのは、米軍はしっかり日本を防衛してくれると信じたい政治家と、それに従う外務省や防衛省の役人たちです。

自衛隊は米軍の従属補助部隊

自衛隊はもともと、米軍を支援し補助する部隊として、米軍の代わりに危険な仕事をするためにつくられた組織と言えます。米軍は日本を防衛するためではなく、アメリカが世界を支配するために、一番都合が良い日本の基地を利用して駐留しているだけです。陸・海・空自衛隊を指揮する最高司令部がすべて米軍基地の中におかれているのはそのためです。戦争が始まったら自衛隊に出動命令をだすのは日本の首相ですが、首相にそれを指示し自衛隊を戦場で指揮するのは米軍です。

このことを裏付ける文言が、自民党が2012年に決定した改正草案の中に書かれています（第9条の二の2）。

「国防軍は、前項の規定による任務を遂行する際は、法律の定めるところにより、国会の承認その他の統制に服する。」

その他の統制とはアメリカ政府、アメリカ軍のことであると、T大のKM教授は僕たちに警告しています。その他、と書くと何でもOKになるので、法律で決める意味がなくなることを若い皆さんはぜひ覚えておいてください。

2024年、陸海空3自衛隊をまとめて指揮する常設組織「統合作戦司令部」を創設（２０２４年度中に実現）することが国会で決まりました。

自衛隊の動きはアメリカの動きにつながっています。

アメリカは在日米軍、司令部の大改革を行い、現在ハワイ・ホノルルにある米軍司令部の機能と同じ機能を、駐日米軍に持たせる計画です。それと同時に、現在横田にある米軍司令部を防衛省のある市ヶ谷近くの六本木に移転して日米統合・戦争司令部を新設し、日米軍の合同作戦を行おうとしているのです（２０２４年11月12日付米軍準機関紙「星条旗新聞」報道）。石破首相は国会で自衛隊は日本の判断で動かす、と繰り返しますが、現実にはそれはあり得ません。

日米安保体制を維持することだけが日本の安全保障政策だと国民が思い込んでいるのは、日本が外国から攻められるという政府やマスコミによる真実ではない宣伝にだまされているからだと思います。

こんなに米軍がいるのは世界中で日本だけ

日本国内の米軍基地は現在、北は北海道、青森県、東京都、神奈川県、山梨県、山口県、沖縄県など、全国30都道府県にあります。全国に１２８施設あり、面積では東京都の約46％、大阪府の約52％に相当する広さです。

米軍基地のない県はたった17府県だけですが、米軍はいつでも好きなだけ自衛隊基地を使えるので、ほぼ全県に米軍基地があると言ってよいでしょう。横須賀港には小型原発ともいえる危険な原子力航空母艦さえ停泊しています。

海外の800か所以上の米軍基地に駐留している米軍16万5000人のうち、3分の1以上は日本に駐留しています。第二次世界大戦で敗戦国となった日本、ドイツ、イタリアの3国と韓国には米軍が13万人駐留していますが、そのほぼ半分近くの5・6万人は日本に駐留しているのです。韓国には3万人余りが駐留していますが、それはまだ続いている朝鮮戦争の韓国軍の友軍として残っているからです。

アメリカの同盟国のなかでも、群を抜いて日本に米軍が多くいるという現実を知っておきましょう。

米兵の犯罪を日本は裁けない

日米安保条約とセットで結ばれた、日米地位協定という米軍と日本の取り決めがあります。この取り決めにより、米兵の犯罪は未だに野放しに近い状態にあります。たとえば、沖縄や鹿児島に墜落したヘリコプターの事故原因を調査したくても、その残骸すらアメリカ軍は日本に渡しませんでした。沖縄では米兵に少女が暴行される事件がしばしば発生しますが、日本は犯人を逮捕することもできません。

日本が独立国かどうか疑わしい事例は他にもあります。

東京のど真ん中、六本木には少し前に触れた立派な米軍基地「麻布米軍ヘリ基地（通称：赤坂プレスセンター）」があります。ここから日本に入出国するアメリカ人は、手続きもしないまま自由に日本の領土に出入りできます。また、トランプ大統領もバイデン前大統領も、東京の米軍横田基地という裏玄関から日本に入国しました。首都東京の上空を自由に飛ぶ権利は横田基地の米軍が握っていて、日本にはありません。

しかし日米地位協定を改定するだけで、米兵の犯罪や騒音などの基地問題が解決し、日本が平和になるわけではありません。私たちは、あくまで日米安保条約を解消し、米軍の完全撤退、米軍基地の完全返還を求めて、日本を真の独立国にすべきです。

米軍撤退が日本にもたらす効果

米軍に対する日本の財政的援助・負担は、相当な金額になっています。２０２２年度予算における在日米軍関係経費は、合計6328億円にものぼります。

米軍駐留がなくなれば、米軍関係に支出される予算はそっくり日本の社会福祉や教育予算に当てることができます。4832億円あれば全国の公立小中学校の給食費を全額無料にできるといわれています。

その他にも、浮いた予算で託児所の増設、介護士の待遇改善、職業訓練の充実、虐待児童の相談所の増設、相談員の増員、義務教育教員の増員など、どれほど多くのことが可能になることでしょう。

さらに返還後の米軍基地跡地の再開発による経済効果、米軍撤退による犯罪減少、横田空域の解消による航空便の増便と飛行燃料の節約など、アメリカからの真の独立を実現させることによる経済効果、治安効果ははかり知れません。

ちなみに日米安保条約の廃棄は、条約上、1年前に一方的な事前通告をするだけで自然消滅になります。アメリカ側の了承を取る必要はありません。事前通告するにあたっては、日本の国会の過半数の賛成で解消することを決めればよいだけです。

参考までに日米安保条約第10条の条文は次のようになっています。

「この条約は、日本区域における国際の平和及び安全の維持のため十分な定めをする国際連合の措置が効力を生じたと日本国政府及びアメリカ合衆国政府が認める時まで効力を有する。もっとも、この条約が十年間効力を存続した後は、いずれの締約国（日本、アメリカ）も、他方の締約国に対しこの条約を終了させる意思を通告することができ、その場合には、この条約は、そのような通告が行なわれた後一年で終了する。」

いざ戦争となれば、自衛隊は米軍の指揮命令に従って一番危ない仕事をさせられます。米軍基地は敵から見たら一番の攻撃目標になりますから、沖縄はまず狙われます。こんな危険だらけの米軍には、一刻も早く母国アメリカにお帰りになってもらいましょう。

6　不戦・非武装・中立の国、日本へ

「外国から攻められたらどうする？」にはこう答える

僕たちは、憲法の定めるように日本があらゆる武器・兵器をもたず、アメリカなど

自衛隊も米軍も、日本にはいらない！

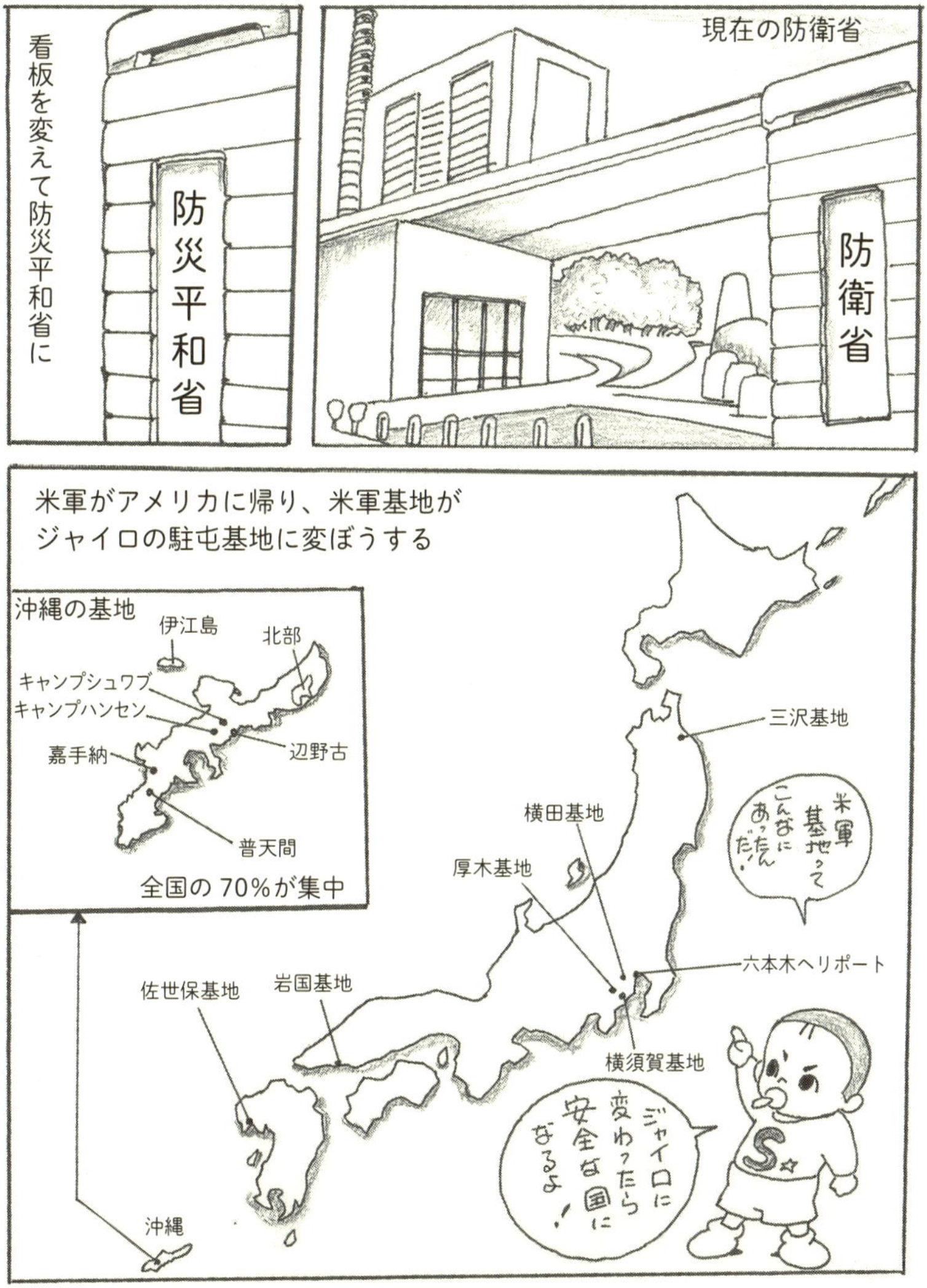

外国の戦争に加担しない立場を貫く国になることを目指して運動を続けています。そうするとかならず、

「丸腰になるというが、外国から攻められたらどうするんだ!?」

という質問をぶつけてくる人がいます。そういった場合は、次のように答えています。

「丸腰にさえなれば、日本は国際法に守られて攻められる心配のない国になれます」

国際法とは国と国との関係を規律する取り決めのことですが、この国際法を安全保障の議論に活かすことは、意外と盲点なのです。

世界の国が守らなくてはならない国際法の中に、ジュネーブ条約があります。これは19世紀に生まれ、その後もたびたび改正されているのですが、1977年に、戦争状態の国の間で絶対にしてはいけないことが細かく書かれた追加議定書が採択されました。日本は2005年にこの追加議定書に署名し受け入れています。

追加議定書には、非武装の地域、兵隊ではない民間人への攻撃、核発電所（原発）のような危険な施設、神社仏閣など宗教施設への攻撃、婦女子などへの攻撃を禁じる条文があります。日本が憲法に書いてある通り非武装を実現して中立・非同盟を守れ

ば、日本は領土の全てが非武装地帯となります。軍人もいなければ軍需工場も一切無くなるのですから、この条約を受け入れている限り、どの国も日本を攻撃することはできません。

ジュネーブ条約追加議定書により、武器を何も持たないほうがより安全になるということが言えるのです。

著者の本を読んだ読者から、「戦争を国連すら止めることができない。侵略国にルールなんてないのです。ジュネーブ条約は締結していてもそれを守らない国が出れば、やすやすと侵略されます」との批判がありました。

ジュネーブ条約追加議定書のなかった戦前、ルールなき侵略を繰り返してきたのが祖国日本です。国際連盟のリットン調査団の勧告を無視して中国侵略を続けました。

仮に、現代においてジュネーブ条約追加議定書を守らず日本を侵略してくる無法者が現われたら、日本がいくら重武装していたとしても対抗できません。そんな無法者はこちらがどんな軍事力（抑止力）を持とうが、お構いなしなのですから。

非武装日本は、不当な侵略に対し国際法を根拠に国連に訴えて解決する、ナンバーワンの資格保有国となるのです。国際法は決して無力ではありません。国連が戦争を

安全保障

安全保障の矛盾は
自分の安全を守るために
相手に危険を与えていることだ
これでは安全にならない
安全保障は自分より先に
相手に対してするべきだ
そうすれば
相手も自分に対して
安全を保障
してくれる

ヒーロー

第二次世界大戦後
おびただしい数の
正義のスーパーヒーロー
が生まれたが
だれ一人平和を実現できる
ヒーローは生まれなかった
しかし新しいヒーローが
生まれる条件はととのった
それは非武装中立の
日本国憲法を
実践することだ

アベノレンジャー
スーパースガーター
ウルトラキシキング
イシバンマン
カメンキシーダ

止められないのは国連運営上の問題であって、国際法や国連自体の問題ではありません。

さらに、本書が提案する国際災害救助即応隊（ジャイロ）構想に賛同していただけるなら、次のように続ければいいのです。

「どこの国からも攻められないように世界中の国と仲良しになればよいのです。それにはジャイロが世界の災害救助に無償で駆けつけ、人命救助や災害復旧に尽力する姿を見せることです。これこそが間違いなく日本の平和を保障することになるでしょう」

このようにみなさんが自信をもって答えられるようになれば、日本が非武装中立の国になることに賛同してくれる人は間違いなく増えるでしょう。

アメリカの凋落と戦争をやりたがる人たちの正体

残念ながらアメリカとイスラエルの他、国内に内戦を抱えているミャンマー、ネパール、パキスタン、インド、トルコなどは、まだジュネーブ条約追加議定書を受け入れていません。

僕が大好きで10年以上暮らしたアメリカですが、残念ながら「ハテ？」と思う大統領が続いています。18世紀の末の建国以来、アメリカにはジョン・F・ケネディなど優れた大統領がいましたが、現在のアメリカは平和の国とはとても言えません。世界平和のために結ばれた国際条約の中で、ジュネーブ条約追加議定書ばかりか核兵器禁止条約、対人地雷禁止条約、国際刑事裁判所にも大国のアメリカは参加していません。国際刑事裁判所はイスラエルのネタニエフ首相、ロシアのプーチン大統領などに戦争犯罪人として逮捕状を出していますが、アメリカなどは公式にこれを非難しています。

今世界各地で起きている武力紛争は、ロシアによるウクライナ侵攻、イスラエルによるパレスチナのガザ地区への空爆、市民の殺戮《さつりく》、レバノンへの攻撃、イランとの緊張などきりがありません。アジアでも中国の海洋進出、台湾に対する武力による統一、あるいは尖閣《せんかく》諸島の領有権をめぐる日本との問題など、いろいろな問題が山積みです。

２０２５年1月20日、アメリカではトランプ大統領が2度目の返り咲きを果たしました。法を守るべき大統領が数々の疑惑を抱えながら当選したので世界は驚きました。就任早々矢継ぎばやに大統領令を頻発し、バイデン政権の政策をことごとく覆《くつがえ》しています。乱暴な大統領ですが、ウクライナ紛争について戦争中止のためのロシア・プー

専守防衛

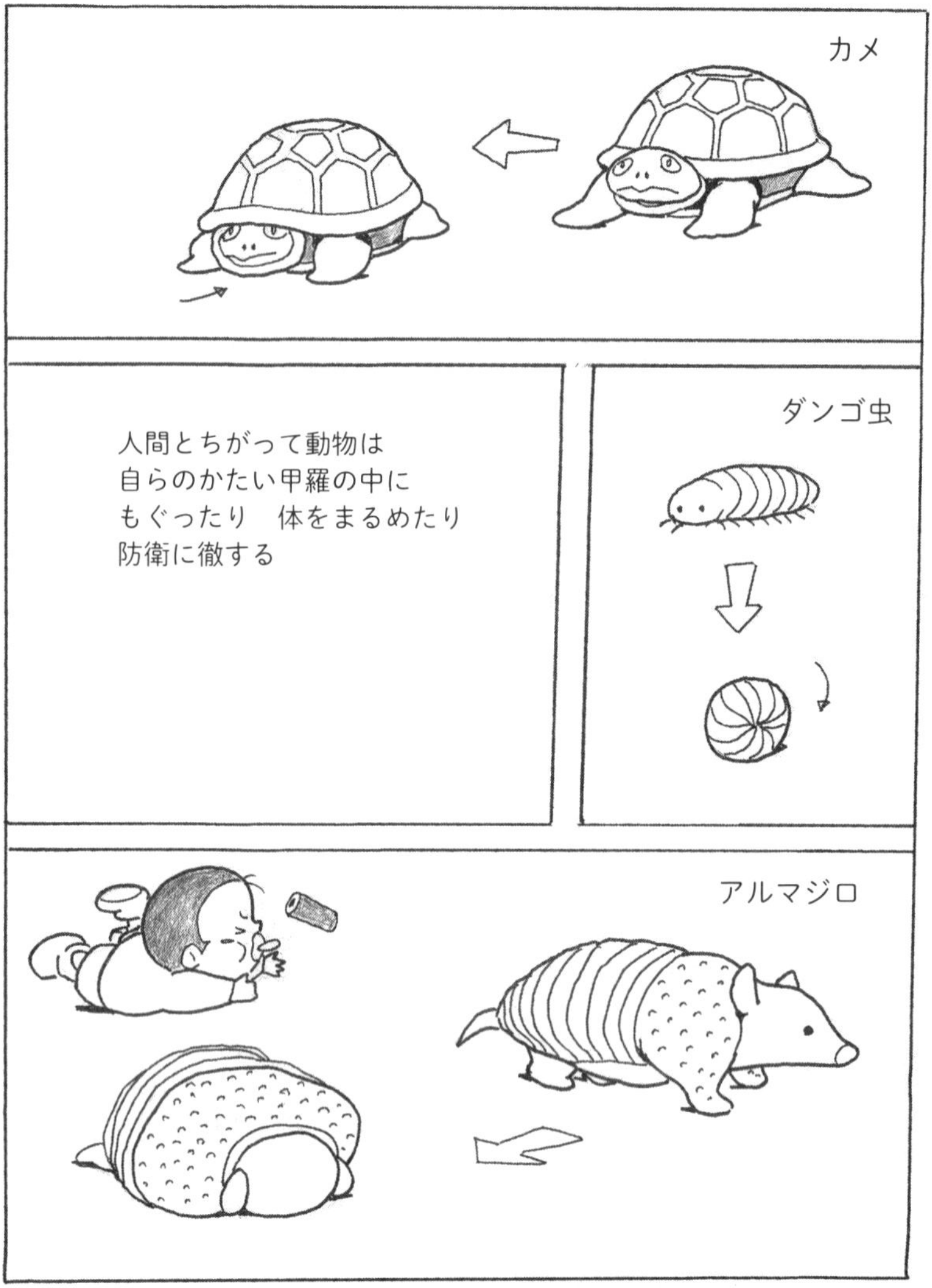
カメ
ダンゴ虫
人間とちがって動物は
自らのかたい甲羅の中に
もぐったり　体をまるめたり
防衛に徹する
アルマジロ

戒殺生（生きものを殺すな！）

すべての生き物は
生命を愛おしむ
おのが身に引き比べて
殺してはならぬ
殺さしめてはならぬ

自分が加害者にならないだけでなく
相手も加害者にしてはいけない
双方とも被害者にも加害者にもならない
そこにこそ平和への道がある

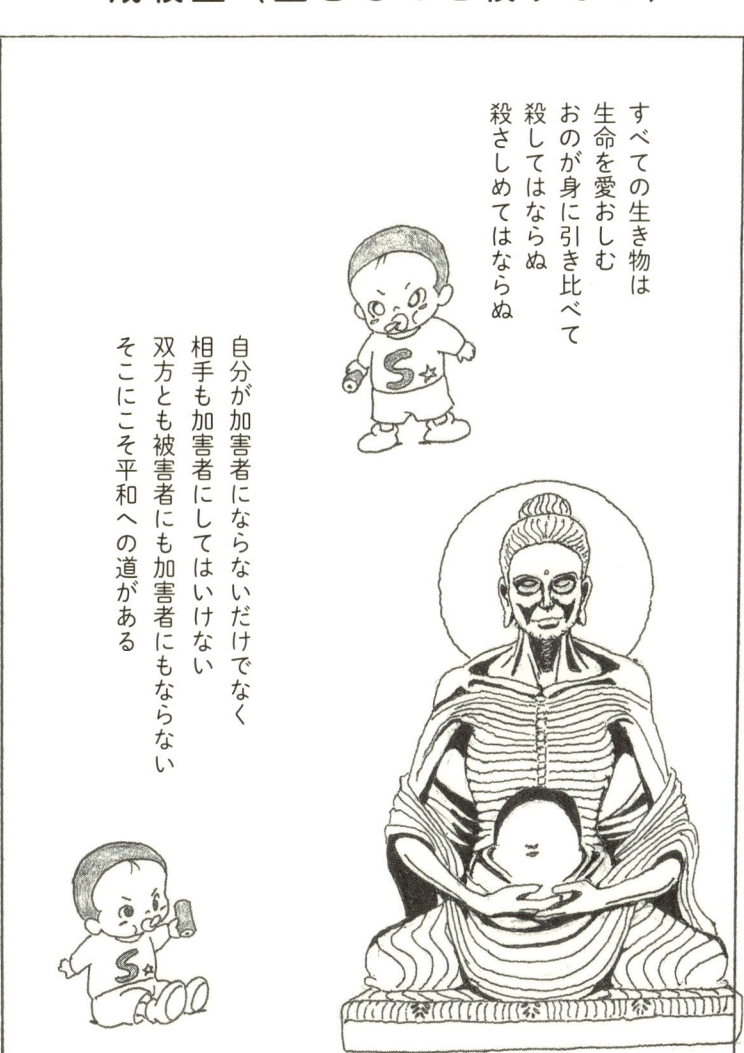

チン大統領との会談、北朝鮮トップとの会談などを提案しており、平和の問題においては民主党政権ではできなかった政策も実行しそうな点は、うまくいくかわかりませんが評価できます。

どんな紛争でも、話し合いで解決できない紛争などありません。話し合いで解決できるのに、もめごとを大きくさせて戦争で解決させているのは、戦争でお金を儲けている世界の武器メーカーと武器商人です。背後で権力者も、その分け前を分けてもらっています。軍備がなければ戦争は出来ないので話し合いをするしかないのに、そうはさせない汚い大人が大勢いるのです。

日本から軍需産業をなくし兵器の生産をやめる

軍需産業とは、戦争をするうえで欠かせない武器弾薬、戦闘機、戦車戦艦などの兵器とその部品などを製造したり販売する産業です。

みなさんご存知の自動で部屋を掃除する丸型ロボット掃除機ルンバを製造しているアイロボットという会社は、つい最近まで軍事用ロボットも生産していました。M重工業、M電機、K重工など、日本にも軍需産業が数多く存在しています。

スウェーデンのストックホルム国際平和研究所は２０２４年12月、世界の軍需企業の２０２３年販売額報告書を発表しました。日本は防衛力強化を背景に、軍需関連の売上高上位１００社に５社（M重工は世界39位に躍進）が入り、その売上高は前年比24％増の約38億９千万ドル（６千億円）です。

軍需産業と言われるのは、兵器製造専門の企業ばかりではありません。エアコン、冷蔵庫、洗濯機、照明器具など家庭電化製品も製造している会社もあります。沖縄の辺野古新基地埋め立て工事を請け負っているT建設は、２０２４年にトルコ、イスタンブールのボスポラス海峡横断鉄道海底トンネルの難工事を完成させ、トルコ市民１５０年の夢を完成させました。

このように軍事製品を手掛けている企業も民生品といわれる非軍事製品も生産しており、それを通じて社会に貢献しているのですから、会社が方針として兵器は生産しないと決めればよいのです。

例えばアメリカのボーイング社は巨大戦闘機メーカーですが、旅客機も製造していますから旅客機だけを造るようにする、これが軍需産業をなくすという意味です。みなさんのご両親も兵器を作っている会社に勤めて、みなさんの生活を支えているかもしれません。お父さんたちが失業しなくても済むように、会社は兵器の生産をやめ、家庭生活で必要な製品など民生品（非軍事製品）を作る会社に変わればいいのです。

何千人もの社員を雇って給料を払い、株主の期待に応えなければいけない経営者にとって、軍需産業は魅力的なビジネスです。なぜなら兵器を売った代金は税金で払われるので支払いは確実、国から値引きを要求されることもないので巨額の利益が見込めるからです。しかし、いくら儲かるからといっても、一度戦争になれば大切な社員は失うし、すべての利益は吹っ飛んでしまいます。

すべての国際紛争が戦争に発展する原因は、双方に軍備（軍隊と武器）があり、その背後に武器を売って戦争で儲ける軍需産業、武器商人がいて、紛争が起きるのを待ち構えているからです。

まったく武装していない国を一方的に攻撃したというケースを、聞いたことがありません。どの国にも失いたくない利益と奪いたい利益があるのは事実ですが、話し合えば解決できない問題はありません。

勇気をもって、これからこの国を担うみなさんが、非武装中立日本への一歩を踏み出すことを期待しています。

最後に、素晴らしいコトバがあるので二つ紹介します。

「宝ものは奪い合えば足りないが、分かち合えば余る」

「若者の命を犠牲にして奪うほど価値のある宝物（国益《こくえき》）はない。若者の命を差し出してまで守る価値のある宝物（国益）もない」

あとがき

素晴らしい人生の教訓を残した詩人で書家の相田みつをさん（1924～1991年）の詩「いのち」を紹介します。

あのね
自分にとって
一番大切なものは
自分のいのちなんだよ
だから
すべての他人の
いのちが
みんな大切なんだよ

イスラエル、ロシア、ウクライナ、ミャンマーなど、今も世界中で戦争をくりひろげている大人たちも、子どもの頃は純粋で、人を殺したり他人の物を勝手に壊したりしてはいけないことくらいはわかっていたはずです。

残念ですが、純真だった子どもの中のほんの一握りの人は、成長するにつれて欲が深くなり、お金と権力を握りたいとの執念で狂ってしまうのです。野心が強い大人の中には、人を殺してでも自分の欲しい物を手に入れようとして善悪の判断ができなくなってしまう人もでてくるのです。自分ひとりならとても悪いことなどできない真面目な大人も、みなで一緒にする戦争ならばいいだろう、と鬼になり狂ってしまうのです。

大人になっても正しいことを正しいと言い続けた素晴らしい人はたくさんいましたし、現在もいます。しかし、正しい判断ができる大人たちの多くは、間違っている大人の行為を黙って見過ごし、間違っていると声に出しません。たいていの善良な大人たちは、毎日朝から晩まで仕事に追われながら、子どもを育て家族の生活の面倒を見ることで精一杯なのです。なので、せっかく18歳以上のすべての国民に選挙で投票する権利があっても、2~3割の心の余裕があまりない大人が選挙に行きません。

今の、アメリカの言いなりの国会議員に日本の政治のかじ取りを任せたままでは、必ず日本は近いうちに戦争に巻き込まれます。現在日本の政治家たちがしていることは、「戦争をしないために、戦争する準備をする」という、どう考えてもおかしなことです。僕たち高齢者はいいとしても、将来あるみなさんにとっては一大事が起こりつつあるのです。

そんな時代に大人になっていくみなさんは、どうか、「自分がされたらいやなことは他の人にも決してしない」という当たり前のことを守る、普通の人間のまま大人になってください。そして、絶対に戦争をしないためにはすべての軍備を廃止すべきであると言い続けてください。いくら戦争(ケンカ)をしかけられても、日本が戦おうとしない限り戦争にはなりません。一人で相撲はとれないのと同じです。

この本ではスペースの都合で十分に書けませんが、中米のコスタリカのことを少し説明します。コスタリカは北はニカラグア、南はパナマと国境を接する日本の四国と九州を合わせた大きさの、人口約600万人の国です。1948年に軍隊を廃止し、

1949年、憲法で常備軍を廃止しました。それからすでに75年以上、軍隊なしで平和と民主主義を守っています。僕はコスタリカに何度も行って、本当かどうか自分の目と足でその通りであることを確かめてきました。日本より貧しい国ですが、人々は戦争の心配のない民主的で穏やかな生活を楽しんでいます。核発（原発）は一基も持っておらず、兵器工場もありません。貧しくても幸福度の高い国です。

僕たちが本書で提案している非武装中立を、コスタリカはすでに現実に実施しているのです。

日本が非武装、丸腰になることに今は、いろいろとありもしない理由を並べて反対する大人が大勢いますが、若いみなさんの今後の非武装中立・恒久平和日本建設のための活動に、僕たちは大いに期待しています。みなさん、今の気持ちを大切にして、18歳になったら必ず選挙に行きましょう。そして貴重な一票で、平和を実現してくれる政党、候補者に投票しましょう。

このたび、将来の大人世代向けの平和のつくり方を出版するにあたり、漫画とイラストを西東京市の㈱エクラアニマルにお願いしました。エクラアニマルは「アンパンマン」や「ドラえもん」などのアニメ制作に携わった児童向け教育アニメ制作会社です。私の平和に対する思い入れに深く共感いただき、本書のイラストと漫画を描いていただきました。

本書の完成は、アニメ作家の本多敏行様、エクラアニマル社長の豊永ひとみ様の一方ならぬご協力のおかげです。本書出版にご尽力いただいた花伝社の平田社長と佐藤編集部長と共に、心から感謝申し上げます。

2025年3月11日、東日本大震災14周年の日に

花岡しげる（はなおか・しげる）
1943年生まれ。1966年東京大学法学部政治学科卒、1975年カリフォルニア大学バークレー校経営学修士。1966年日本勧業銀行（現みずほ銀行）入行。カナダ第一勧業銀行副頭取。国内支店長を経て大手電機メーカー出向、取締役国際事業本部担当。銀行および出向先でニューヨーク、ロンドン、トロントなど15年以上にわたり海外駐在。2006年カリタス女子短期大学非常勤講師（時事英語）。
2003年「自衛隊イラク派兵反対集会」を機に市民運動に参加、オーバー東京（A9S）、コスタリカに学ぶ会会員、2004年以降チャールズ・オーバビー博士（オハイオ大学名誉教授）と博士の最晩年まで親交を結ぶ。9条地球憲章の会、SA9（Second Article 9、埼玉県日高市発祥の平和運動）、不戦兵士を語り継ぐ会、撫順の奇跡を受け継ぐ会、米軍基地をなくす草の根運動などの活動支援をしながら全国を講演行脚中。
著書に『自衛隊も米軍も、日本にはいらない！』（2020年1月）、『新版　自衛隊も米軍も、日本にはいらない！』（2023年5月、以上花伝社）。

著者HP：非武装中立「美しい日本」を目指すピースアゴラ
https://peaceforever-realize-by2025.com/

14歳から考える恒久平和のつくり方

2025年3月20日　初版第1刷発行
2025年5月30日　初版第2刷発行

著者 ――― 花岡しげる
発行者 ―― 平田　勝
発行 ――― 花伝社
発売 ――― 共栄書房
〒101-0065　東京都千代田区西神田2-5-11出版輸送ビル2F
電話　03-3263-3813
FAX　03-3239-8272
E-mail　info@kadensha.net
URL　https://www.kadensha.net
振替 ――― 00140-6-59661
イラスト―― 本多敏行（エクラアニマル）
装幀 ――― 佐々木正見
印刷・製本― 中央精版印刷株式会社

ISBN978-4-7634-2166-1 C0036

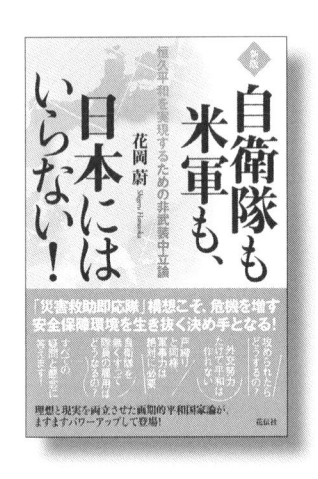